Karin Manke und Philipp Sonntag (Herausgeber)
Zuflucht Familie

D1727777

Die Familie ist das Vaterland des Herzens.

*(Guiseppe Mazzine)*

Das Schicksal des Staates hängt vom Zustand
der Familien ab.

*(Alexander Vinet, Die Erziehung)*

Karin Manke und Philipp Sonntag
(Herausgeber)

# Zuflucht Familie

Autoren aus Ost und West erzählen

Zu Wahrheiten vereint V

**Bibliographische Information der Deutschen Bibliothek**

Die Deutsche Bibliothek verzeichnet diese Publikation in der Deutschen Nationalbibliographie; detaillierte bibliographische Daten sind im Internet über http://dnb.ddb.de abrufbar.

Titelbild: Fotocollage von Alex Grimm
gamma_berlin / medienproduktion
www.gamma-berlin.de
alex@gamma-berlin.de
0178 / 303 88 674

© 2016 Beggerow Buchverlag
D-12487 Berlin, Königsheideweg 290
Alle Rechte vorbehalten
Druck und Bindung: Schaltungsdienst Lange o.H.G., Berlin
ISBN 978-3-936103-45-8

# Inhalt

## V.
### Zukunft

Karin Manke und Philipp Sonntag (Hrsg.)

# Einführung

In diesem Buch werden viele Engel authentisch geschildert. Meistens sind es Mütter. Mit ihnen überleben wir Menschen schier unglaubliche Herausforderungen. Die Evolution hat dafür das Erfolgsmodell Familie erfunden. Es war so erfolgreich, dass der Mensch jetzt seine Gesellschaft tausendfach schneller verändert, als seine Gene. Dadurch fühlt er sich in seinem eigenen Umfeld fremd. Das ist bei unseren Autoren, die meisten sind ältere Zeitzeugen, deutlich zu spüren. Die Familie hatte in Ost wie West umso mehr Bedeutung, je mehr Stress aller Art es gab. Sie konnte Leiden lindern, Trost spenden, Lebenskraft neu aufbauen.

Unsere Zeitzeugen haben sich weitgehend auf die Zeit bis und nach 1945 konzentriert. In diesem Band nicht einbezogen werden extrem harte Situationen die Familien treffen, wie die Shoah, wie etwa global brutale Gewalt gegen KindersoldatInnen, wie Jugendliche aus der BRD die als Kämpfer bei der IS in Syrien mitmachen.

Nur marginal angesprochen wird, wie Familien sich heute fühlen, sich heute bewähren müssen. Für die meisten Zeitzeugen ist die Gegenwart harmlos, fast paradiesisch. Harte Lebensumstände wie früher können jedoch jederzeit wieder auf uns zukommen. Krieg mag hier momentan weniger zu erwarten sein, aber Klimaveränderungen sind bereits überdeutlich. Zwar sind sie momentan für uns noch nicht lebensbedrohlich – aber was soll werden, sobald es so weit ist? Dafür kann das frühere Verhalten von Familien durchaus Anhaltspunkte geben. Da wird deutlich, die Familie ist vielleicht der stärkste Rückhalt des Menschen, praktisch ebenso wie emotional.

Im ersten Kapitel wird deutlich, wie gerade in schwierigen Zeiten das Verhalten der Mütter der entscheidende Rückhalt für Kinder sein kann. Nicht, dass Väter dies nicht könnten, auch sie haben ähnliches geleistet – aber allzu oft waren sie nur selten zu Hause, ganz besonders zu Kriegszeiten, oder für einen Arbeitsplatz an einem anderen Ort.

Die im zweiten Kapitel aufgefächerten alten Erziehungsmethoden erscheinen heute teils als skurril, als unreal. Für die damaligen Kinder war es verdammt real. Es kann ihr Leben bis heute prägen. Teils entsprach Härte der Situation, den Herausforderungen des Überlebens. Teils gab es liebevolle Zuwendungen der Erwachsenen für Kinder, etwas nach dem sich heute viele Kinder vergebens sehnen. Das alles zeigt sich im dritten und vierten Kapitel in vielen Details. Wobei, wie im dritten Kapitel, die Bedeutung von Gefühlen der Kinder füreinander deren Erinnerungen stark prägen kann. Die Vielfalt der Episoden im vierten Kapitel zeigt die „hautnahe Wirkung" früherer Gesellschaften auf junge Menschen. Dies kann wissenschaftliche Texte zum Sachverhalt sinnvoll ergänzen, insbesondere für zukünftige Generationen. Vor allem, nur hautnah berichtet wird die Erfahrung anschaulich nachvollziehbar, frei nach Hölderlin heute etwa so:

Wo Gefahr ist, wächst die Familie über sich hinaus.

Was sagt uns das heute? Die moderne Familie muss nervlich einiges aushalten, neue Eindrücke laufend neu einordnen. Sie empfindet ihre akuten Belastungen natürlich nicht als eine Art Luxusprobleme. Sie ahnt jedoch zuweilen vage, vielleicht beim Fernsehen, was auf sie wirklich zukommen könnte.

Auch sie könnte atemberaubende Reserven mobilisieren. Was sie als Familie, als Gesellschaft bisher kaum merkt, nicht merken will, ist:

Für Nuancen des eigenen Luxus
geht sie existenzielle Risiken für ihre Kinder und Enkel ein.

Dies wird verständlich, wenn man weiß, wie schwer Prognosen sind. Im fünften Kapitel kann immerhin die starke Wechselwirkung von Familie und Gesellschaft angedeutet werden, welche in die Zukunft hinein wirkt. Solche Szenarien sollen das Ausmaß der Optionen veranschaulichen. Es werden andeutungsweise mögliche Szenarien starker Veränderungen schildert. Es wird wie in den letzten hundert Jahren so auch in den nächsten starke Veränderungen geben. Was aus dem breiten Spektrum der Risiken zuerst eintreten wird, bleibt abzuwarten.

Für die Zeit nach 2015 können die Berichte aller Zeitzeugen einige Anhaltspunkte geben, wie absehbare Katastrophen auf unser ganz persönliches Empfinden einwirken werden, und was Familien da schier Übermenschliches leisten können. Es gibt allerdings Grenzen, deren Überschreitung das Überleben zumindest lokal gefährdet. Für Zusammenbruch und Wiederaufbau einer Gesellschaft gab es schlechte Anlässe wie Krieg und Katastrophen. Sogar potenziell gute Anlässe wie wirtschaftlicher Erfolg führten zu Schäden wie „Arm und Reich", zu Ungerechtigkeiten und Spannungen. Die Schilderung der tapfer erlittenen Not ist ein Apell, in Zukunft das Ausmaß der Zerstörungen besser zu begrenzen. Das gilt in Ost und West, es gilt für die dramatischen Überlebenskämpfe von Familien weltweit. Die erprobte Überlebenskultur der Familien kann uns enorme Hoffnungen für eine allmählich „familiengerechte", eine zugleich moderne und natürliche Zukunft geben.

# I.
## Über die Mütter

Die Erinnerung an meine Mutter und ihre Tugend
ist bei mir gleichsam zum Kordial (Mittel) geworden,
das ich immer mit dem besten Erfolg nehme,
wenn ich irgend zum Bösen wankend werde.

*(Lichtenberg)*

Ellen Fritsch

# Die begleitende Hand

Unsere Mutti wurde 1900 in einer schlesischen Kleinstadt geboren. Ihre Mutter war die Waschfrau dieser Stadt und sorgte so für den Unterhalt der Familie. Ihr Vater starb schon in jungen Jahren. Jedes Mal, wenn wir sie nach unserem Opa befragten, erzählte sie uns: „Kinder, euer Opa ist im Krankenhaus gestorben." Es war lange ihr Geheimnis. „Aber warum haben wir von Papa einen Opa?" „Der ist alt aber gesund" war ihre Antwort. Später erzählte uns Mutti, dass ihr Vater Alkoholiker war. Sie bekam einen Stiefvater, den sie nicht leiden konnte und eine kleine Schwester, mit der sie sich immer gut verstand.

Sie war zwanzig Jahre alt, als sie nach Berlin kam, um sich hier eine Arbeit zu suchen. Mutti ging damals in Stellung, denn einen erlernten Beruf hatte sie nicht. Sie arbeitete immer in jüdischen Haushalten, oft bei reichen stadtbekannten Persönlichkeiten. Wie z.B. bei Familien, wo der Ehemann Balletttänzer und Choreograph, Rabbiner oder Arzt war.

Von dieser Zeit profitierten wir Kinder ganz besonders. Mutti erzählte uns viel über jüdisches Leben. So über koscher kochen und was es bedeutet, milchig oder fleischig. Sie erzählte uns, dass es dafür immer doppeltes Geschirr, unterschiedliche Töpfe und Besteck gab, was auch nur in festgelegten Schüsseln getrennt abgewaschen wurde. Es waren sogar dafür getrennte Tische und Schränke vorhanden. Sie erklärte uns, was Sabbat und Thora ist und dass diese Menschen kein Schweinefleisch essen. Die Familien hatten oft Kindermädchen, von denen unsere Mutti viele Fingerspiele, Kreisspiele und Reigen gelernt und an uns weiter gegeben hat. Das heißt, wenn das Wetter schlecht war, spielte sie mit uns „Ziehe durch, ziehe durch, durch die goldne Brücke." oder „Schornsteinfeger ging spaziern." Die Lieder und Spiele kann ich heute noch. So manches Spiel dieser Art spielte ich noch mit meinen Kindern.

Sie war eine kleine zierliche Person, die ihr Leben lang immer um die hundert Pfund gewogen hat und einhundertneunundvierzig Zentimeter groß war. Kleine flinke Füße trugen sie durchs Leben und ihre schon in jungen Jahren verarbeitet aussehenden Hände wussten zur rechten Zeit fest zuzufassen. Sie trug eine links gescheitelte Frisur, die mit einer großen Klammer gehalten wurde. Ihr dickes braunes Haar wuchs stets nur bis auf ihre Schulter. Es wurde zu ihrem Ärger niemals länger. Zur Dauerwelle ging sie nur alle paar Jahre. Ich kenne sie nur in dunkler Kleidung. Marineblau, braun oder grau. Ich habe sie nie in Absatzschuhen oder einem Sommerkleid gesehen. Sie trug Makku Strümpfe im Sommer wie im Winter. Ihren BH knöpfte sie immer über ihrem Hemd zu.

Wir Kinder hatten bei ihr zwei Besonderheiten entdeckt. Uns schaute ein braunes und ein graues Auge an. Das Lustigste für uns Kinder aber waren ihre Zähne. Manchmal, wenn sie beim Lesen oder Rätseln war und sich unbeobachtet fühlte, bewegte sich ihr Gebiss hin und her. Wir schauten ihr dann immer mit besonderem Vergnügen auf den Mund. Gern rufe ich mir unterschiedliche Verhaltensweisen ins Gedächtnis. Sie sitzt rauchend in der Küche an der Wasserleitung, die Beine übereinander geschlagen und zusätzlich das obere Bein um das untere geschlungen. Ich habe das nie fertig gekriegt.

Wir hatten erst ab neunzehnhundertfünfzig Strom. Meine Schwester ließ ihn damals legen, weil sie Radio hören wollte. Unsere Mutti bekam die Schallplatte Tschaikowskis „Blumenwalzer" von uns geschenkt. Ab dieser Zeit sehe ich sie, mit verzücktem Gesicht diese Töne genießend, ganz entspannt genüsslich Zigarette rauchend in ihrem Sessel sitzen.

Da wir, wie gesagt, kein Radio hatten, wurde bei uns den ganzen Tag gesungen. Abends, wenn wir alle im Bett lagen, sangen wir uns mit vielen Volksliedern in den Schlaf. Unsere letzten beiden Lieblingslieder waren „Wahre Freundschaft soll nicht wanken" und „Aber Haischi bum baidschi bum bum". Dieses gemeinsame zweistimmige Singen nahm uns die Angst vor dem Fliegeralarm und schmiedete unsere Gemeinschaft zusammen. Manchmal, wenn uns Kanonen, Stalinorgeln, Bomben, Maschinengewehre und Tiefflieger Angst machten, drängten wir uns vier alle aneinander. Die Angst verging nicht, aber durch die Nähe fühlten wir uns alle wohler. In einer solchen Situation sagte Mutti zu mir: „Kind, komm doch ein bisschen näher, denn wenn etwas passiert, dann trifft es uns wenigstens alle." Ich habe diesen Satz bis heute nicht vergessen, weil ich ihn unserer Mutter ubelgenommen habe. „Warum will sie über mein Leben und meinen Tod bestimmen. Dazu hat sie kein Recht."

Als Erwachsene und auch Mutter habe ich sie verstanden.

Unser Vater war, als ich noch klein war in den dreißiger Jahren, arbeitslos. Darum brachte Mutti bestellte Schrippen und Milch den Leuten nach Hause und abends wusch sie

Milchkannen und andere Milchgefäße für den gleichen Laden ab. Es war Schwarzarbeit, die sie für unsere Familie auf sich nahm. Unsere Mutti hat sich stets in ihr Schicksal gefügt, war nie aufmüpfig und ihre Träume, über die sie selten sprach, wie z.B. das Meer sehen, hat sie nie verwirklicht. Sie hatte nie wieder ihre alte Heimat bereist, war immer nur für Andere da. Sie hat sich angepasst und untergeordnet. Oft erledigte sie die Dinge, die Andere von ihr erwarteten, auch dann, wenn es nicht immer vorausschaubar war und ihr zum Schaden gereichte.

Mutti war sehr ideenreich, heute sagt man kreativ. Sie baute uns zu Weihnachten eine Puppenstube und eine kleine Küche mit Möbeln. Aus einer Tomatenkiste sägte, leimte und hämmerte sie einen Stubenwagen mit Rädern aus Holz, mit Himmel für die Puppe meiner Schwester. Sie nähte und strickte uns Kleidung. Wendete alte Sachen und konnte uns so manches Lieblingskleid anfertigen. In unserer Familie war Schmalhans Küchenmeister. Unser ganz einfaches Essen wurde durch ihr erdachtes und gefertigtes Löwenmaul und die längs geschnittenen Stullen aufgewertet. Darum schmeckte uns alles viel besser. Das Löwenmaul war eine Schrippe, die an einem Ende aufgeschnitten wurde, so dass ein Maul entstand. Etwas Milch feuchtete die zwei Teelöffel Zucker an, die in das Maul gefüllt wurden. Uns schmeckte es wie Kuchen. Und die von Zeit zu Zeit mit Braunschweiger oder Schlimmeaugenwurst beschmierten Stullen, die sie in der Länge durchschnitt, mundeten uns immer besonders köstlich. Gekaufte Mützen veränderte sie nach ihrem Geschmack winterlich. Wir Kinder fanden diese Mützen grässlich. Wir nahmen diese Tatsache ohne zu murren hin. All unsere Kleidung nähte sie mit der Hand, ganz gleich, ob es Kleider oder Mäntel waren. Alte Kleidung wurde gewendet und neue daraus genäht.

Umarmungen waren selten bei ihr. Bei uns war das Begrüßungsküsschen und Abschiedsküsschen üblich. Als besonders schrecklich empfanden wir immer ihre Predigten, in denen sie uns Vorhaltungen machte und unsere Verfehlungen aufwärmte. Ihre Strafen bestanden aus Kinoverbot, Stubenarrest und Haue. Der Katzenkopf war bei kleineren Sünden üblich. Ich nahm ihr keine Strafe übel. Im Gegenteil, meist fand ich ihre Strafen richtig, denn obwohl ich genau wusste, dass auf das eine oder andere Vergehen Strafe folgte, war ich dennoch ungehorsam.

Mutti erzog uns durch ihr gutes Beispiel, wie ihren Fleiß und Wahrhaftigkeit. Sie war uns Kindern gegenüber besonders achtsam und konnte nur zu uns „nein" sagen und trotzdem ließ sie uns viel Freiheit, die sie sicherlich kontrollierte, was wir nicht mitbekamen. Sie war streng, hatte ihre Erziehungsziele, wir mussten gehorchen. Wenn sie uns rief, erklang immer ihr „Hu, Hu", am Klang erkannten wir dann, ob sie gute oder schlechte Laune oder Mitteilung hat. Wenn wir sie im Park nicht hören wollten, versteckten wir uns unter der Schale vom Stierbrunnen auf dem Arnswalder Platz.

Sie war eine sangesfreudige Mutter, die viel Fröhlichkeit und herzhaftes Lachen zuließ. In Geduld war sie Meisterin, denn sie lehrte mich lesen. Jetzt weiß ich, dass ich eine Leseschwäche hatte. JA, sie lehrte uns drei Mädchen „lernen". Unsere Mutti erklärte und zeigte uns die Schönheit der Natur. Sie wusste viel über Pflanzen und Bäume. Was sie uns damals erzählte und zeigte, kenne ich heute noch. Ihren Märchen lauschten wir, die sie uns in den Wintermonaten erzählte, es war immer geheimnisvoll. Sie halfen mir und wurden für mich Lebenshilfe. Als wir noch klein waren, saß Mutti oft mit uns auf dem Schlitten (Eisenente) und im Sommer ging sie mit uns ins Planschbecken. Manchmal tobten wir zusammen durch die Wohnung, spritzten mit Wasser oder beschmierten uns gegenseitig mit Senf.

Unsere Mutter war vollkommen unpolitisch. Sie war so wie die meisten Frauen in der damaligen Zeit. Es verwundert mich heute noch, dass Mutti den Mut hatte, uns beide Mädchen der nationalsozialistischen Erziehung fernzuhalten. Sie stellte Verfehlungen fest, die sie als Aufhänger für ein Verbot der Besuche von Heimabenden und Exerzierübungen nahm. Wir durften nicht mehr zum Dienst, wie man in dieser Zeit sagte, gehen.

Es gab noch ein paar kleine, aber schwerwiegende Fehler, die Mutti hatte. Sie gab die Ängste, die sie selbst bei Gewitter hatte, an uns Kinder weiter. Wir wurden nicht aufgeklärt, weil sie es selbst nicht wusste. Als ich das erste Mal meine Tage hatte, erklärte sie mir, dass ich mich von Jungs fernhalten soll, ich kann sonst ein Kind kriegen. Als ich erwachsen war, erzählte ich ihr, wie ein Kind entsteht, wie es wächst und wie es im Körper der Mutter versorgt wird. Sie war mir dafür dankbar, nahm mich in den Arm und war einfach lieb zu mir. „Du bist Krankenschwester und konntest das alles lernen. Das habe ich nicht gewusst!" waren ihre Worte.

Es kam die Zeit, dass die Silberhochzeit langsam in unsere Zeit rückte. Wir, das drei Mädel Haus, wie man uns immer nannte, wollten ihren Eltern ein schönes Fest gestalten. Mit Torte, gutem, gelungenem Schmaus und Festzeitung. Damals gab es noch die Lebensmittel auf Marken. Also sparten wir uns Marken ab. Wir schrieben in Schönschrift liebevolle und witzige Texte und malten die passenden Bilder dazu.

Und nun kommt es, was ich unseren Eltern, aber ganz besonders unserer Mutter, übel genommen habe. Als ich fünfunddreißig Jahre später meinen Rentenantrag stellte und mir vom Standesamt Urkunden holte, erfuhr ich, dass die Beiden nicht zweiunddreißig sondern dreiunddreißig geheiratet haben. Also feierten wir mit ihnen ein Jahr früher die Silberhochzeit. Warum war Mutter selber nicht ehrlich? Wo sie uns doch jedes Mal, wenn sie uns bei einer Lüge ertappte, unterschiedliche Strafen auferlegte.

Mutti, wie denkst du nun über deinen Erziehungsgrundsatz?

„Was du nicht willst, das man dir tu, das füg auch keinem Andern zu!"

Wir haben nie liebevolle Zärtlichkeiten zwischen unseren Eltern gesehen. Wohl aber weiß ich jetzt erst als Erwachsene, dass unsere Eltern ein erfülltes Eheleben hatten. Ich las damals als Kind ein paar Briefe meiner Eltern mit einem Text, den ich als Frau erst verstanden habe.

Liebe Mutti, ich danke Dir von ganzem Herzen für deine liebevolle, konsequente, hilfreiche, schützende, fröhliche und musische Begleitung in mein Leben und das meiner Schwestern.

Ingeborg Discher

# Eine Mutter – Clara Elisabeth

Sie war ein wenig größer als ich und sehr schlank. Sie hatte starkes dunkles Haar, etwas gewellt, Dauerwelle brauchte sie nie. Ihre Hände waren schmal mit schlanken Fingern, um derentwegen ich sie oft beneidete. Die Putzarbeiten, die sie als Zimmermädchen ebenfalls zu leisten hatte, waren ihnen nicht anzusehen. Einen Beruf zu erlernen war ihr nicht möglich gewesen. Als Zweitälteste (und ältestes Mädchen) von 7 Geschwistern war dafür kein Geld vorhanden; da musste gleich nach der Schule mit verdient werden. Die Geschwister zu versorgen und mit heranzuziehen, war in solchen Fällen normal; ihre Stiefmutter verdiente kargen Lohn als Wäscherin, ihr Vater war Händler, der Handel brachte nicht viel. Er hatte ein zweites Mal geheiratet, nachdem die Mutter meiner Mutter gestorben war. Meine Mutter war damals im Jahr 1901 gerade zwei Jahre alt, sie starb 1953. Ihr großer Bruder Fritz (also ihr Leibbruder) war ein paar Jahre älter. Von den sechs Geschwistern, die dann folgten, starben zwei im frühen Kindesalter.

Fritz, Lisbeth (genannt Lüsch), Erich, Lotte (genannt Lollchen), Günther – sie alle hatte ich noch als Onkel und Tanten kennengelernt. Tante Lollchen war meine Lieblingstante. Alle lebten in Berlin; Fritz im Wedding, Lotte in Friedrichshain, Erich, Lisbeth, Günther und meine Mutter im Prenzlauer Berg, also im proletarischen Teil von Berlin; in den vornehmen westlichen Teil von Berlin, wie Steglitz,

Charlottenburg oder gar Zehlendorf zu ziehen, konnte sich keiner von ihnen leisten, der damals schon verhältnismäßig hohen Mieten wegen.

Charlottenburg – in diesem Bezirk hat meine Mutter lange Jahre gearbeitet, als Zimmermädchen im Hotel „Alhambra". Dort logierten vorwiegend die damaligen Filmstars, u.a. Lizzi Waldmüller, Rudi Godden, Ralph-Arthur Roberts, Hilde Krahl und der heute umschwärmte 102-jährige Johannes Heesters – ein Niederländer.

Später, in meiner Teenagerzeit, hat sie mir viel von ihnen erzählt und ich war ihr fast böse, dass sie für mich keine Fotos mit Autogramm gesammelt hatte.

Einige Male hat mich Mutter mitgenommen in das vornehme Hotel (in ihrer Freizeit, wenn sie dort etwas zu regeln hatte, sonst war es verboten). Ich durfte auch einen Blick in die Zimmer werfen, statt mit Papiertapete waren die Wände mit Stoff in den herrlichsten Mustern ausgekleidet. Am meisten staunte ich über den Schrank, der sich zu einem Bett ausklappen ließ.

Der Weg zum Hotel kam mir derzeit stets sehr lang vor; mit der S-Bahn vom Hackeschen Markt (damals Bahnhof Börse) bis zum Savignyplatz, dann noch eine Weile zu Fuß bis zum Kurfürstendamm, wo das Hotel stand. Aber es waren auch ein paar Stunden, in denen ich mit Mutter zusammen sein konnte. Sonst sah ich sie ja kaum; stand ich auf, war sie längst zur Arbeit (ihr Frühdienst begann 6.00 Uhr). Wenn sie gegen 16.00 Uhr zu Hause war, brauchte sie ein wenig Schlaf, bis zu meinem Zubettgehen blieb nicht viel Zeit. Hatte sie Spätschicht, war sie erst gegen Mitternacht zu Hause, schlief bis gegen 10.00 Uhr und musste sich schon wieder für die nächste Schicht richten. Versorgt hat mich Vater, wenn er arbeitslos war (und das war er bis 1937 meistens) oder Großmutter (Vaters Mutter), die mit im Haushalt lebte. So war der einzige Ernährer für uns alle derzeit meine Mutter – mit einem „stolzen" Monatsgehalt von 150 Reichsmark. Großmutter bezog 60 RM Rente, das war noch nicht einmal die Miete (63 RM) für unsere Dreiraum-Wohnung; mit Innentoilette, aber ohne Bad. „Abgeseift", wie sie es damals nannten, wurde ich im Winter in der warmen Stube in einer großen Waschschüssel. Das Federbett wurde inzwischen am Ofen erwärmt, denn der Schlafraum wurde nicht geheizt. An diese Prozedur kann ich mich gut erinnern. Auch daran, wenn Mutter mich manchmal gekämmt hat. Das war oft nicht angenehm, es ziepte. Mutter hatte es stets eilig, es musste eben schnell gehen.

Unsere Wohnung befand sich in der Nähe des Scheunenviertels, eine Gegend, in der viele Juden ansässig waren, auch in unserem Wohnhaus. Dann kam die Zeit nach der „Kristallnacht" (1938), als die Wohnungen leer wurden. Nach 1941 gab es auch in unserem Haus keine jüdischen Bewohner mehr.

Mutter stand auffällig oft vor dem Spiegel und oft erzählte sie dabei von einem Sturz, bei dem ihre Nase zu Schaden kam und nun ein wenig höckrig sei. Ich konnte das zwar nicht so empfinden und es rauschte auch an mir vorbei. Erst viele Jahre später fiel mir das wieder ein und ich erkannte nun auch den Hintersinn ihrer Bemerkungen: Mutter war jüdischer Herkunft und das Merkmal „Nase" war zu der Zeit mitunter ein lebensgefährliches. Der mir ganz wie nebenbei einsuggerierte „Sturz" hatte also eine Schutzfunktion, sollte man mich als Kind jemals „befragen", was zu dieser Zeit nicht ungewöhnlich war. Da Mutters leibliche Eltern schon lange nicht mehr lebten, nur noch die rein „arische", blonde Stiefmutter, konnte sie auch Behörden gegenüber als „arisch" gelten. Und trotzdem war dies wohl ein Grund, weshalb meine Eltern den Gang zum Standesamt so lange hinauszögerten; sie heirateten erst, als ich für die Schule angemeldet werden musste. In der Schulzeit bekam ich eine Zeugnismappe, auf deren Innenseite eine sogenannte Ahnentafel aufgedruckt war. Ich fragte meine Großmutter; bis zum Jahre 1857, als mein Großvater geboren wurde, bekam ich alle Angaben von ihr, von Vaters Seite. Von Mutter erfuhr ich nur das, was ich schon wusste – ihren Namen, Geburtstag, Geburtsort – und die Daten der Stiefmutter. Sonst nichts. Außer dem Namen ihres Vaters wusste sie eben nichts mehr. Es war zu vermuten, dass ihr Vater jüdischer Herkunft war; erfahren habe ich es nie.

Mein Vater konnte sehr gut zeichnen. Es gibt unter einigen Zeichnungen ein Porträt von meiner Mutter und eines mit starkem symbolischen Gehalt – ein Paar im Sturm auf einer Insel, das sich gegenseitig Halt gibt. So haben sie auch gelebt. Mein Vater hat sein Clärchen abgöttisch geliebt.

Als unser Haus im November 1943 in Flammen aufging und nichts mehr blieb als ein Gewürzregal, ein Radio und mein Puppenschrank, kam der große Schock – alles Mobiliar, die wertvollen Bücher, die Gegenstände mit ideellem Gehalt, all das, was sich die Eltern so mühsam angeschafft hatten – weg.

Die Nacht danach im Luftschutzkeller des gegenüberliegenden Hauses, das Notquartier in der Kellerwohnung einer hilfsbereiten, vierköpfigen Familie, die provisorische Einweisung in eine leere Wohnung, kein Bettzeug, kein Handtuch, der nackte Fußboden. Über ihn kroch Mutter nun umher und suchte ihren schwarzen Hut. Stundenlang, tagelang. Es dauerte Wochen. Es war Krieg, der Arzt hatte nicht viele Möglichkeiten zu helfen, nur die Auskunft: „Ein Schock, das kann sich legen oder -". Das „Oder" blieb zum Glück aus, Mutter erholte sich wieder. Aber nervös, nervös war sie mehr als jeher.

Mutter und Vater setzten nun alles daran, Großmutter und mich aus dem ständig bombardierten Berlin herauszubringen. In Großmutters Heimatstadt Joachimsthal fanden wir Quartier bei einem Kleinbauern. Da Mutter in Arbeit war und somit „dienstverpflichtet", musste sie in Berlin bleiben und weiterhin die schlimmen Bombennächte und Tagesangriffe ertragen. Dann hatte ich meine Mutter mehrere Wochen „ganz für mich allein". Das war, als es meiner 82jährigen Großmutter immer schlechter ging und Mutter für einige Zeit zu deren Pflege von der Arbeit freigestellt wurde. Es war ein heißer Sommer im Jahr 1944 und wir gingen fast täglich bereits früh in den Wald um Beeren zu suchen. Mutter kochte daraus köstliches Himbeerkompott und Blaubeermarmelade.

Wenn Fliegerangriffe auf Berlin angesagt waren, flogen die Bomber oftmals über Joachimsthal hinweg, mittels Signalhorn wurde dann auch hier Alarm geblasen. Mutter fing stets an zu zittern wie Espenlaub. Unser Zimmer lag über der Küche, das nicht mit einer Tür, sondern mit Klappe gleich oberhalb der Treppe zu schließen war. Bei einem dieser Alarme versagten Mutter die Knie und sie fiel aus der Luke herab direkt auf den Küchentisch. Außer ein paar blauen Flecken war ihr zum Glück nichts weiter passiert.

Als Großmutter im Krankenhaus gestorben war, musste Mutter ihren Dienst wieder antreten. Das Kind wieder den Bombennächten aussetzen?

Die Quartiersgeber schlugen vor, mich dort zu lassen. Allein bei fremden Leuten? Bisher war stets die Großmutter als Bezugsperson an meiner Seite. Aber da waren auch Magda, die nur ein Jahr ältere Tochter der Quartiersgeber, gute Landluft, bessere Kost, Milch und vor allem ruhige, bombenfreie Nächte.

Die Eltern ließen sich überzeugen.

Sie kamen wie stets jeden Mittwoch zu Besuch (früh ab Stettiner Bahnhof, Eberswalde umsteigen; spätnachmittags dieselbe Tour zurück). Ein und ein Viertel Jahr lang. Das letzte Vierteljahr kam Mutter allein, Vater war noch im Februar 1945 zur Wehrmacht eingezogen worden. Mutter kam, bis eines Tages im April keine Züge mehr fuhren und der Rest der Bewohner von Joachimsthal auf Treck geschickt wurde.

So wusste nun niemand mehr voneinander. Es wusste nur jeder von jedem: Vater unter Beschuss „an der Front" in Berlin, Mutter unter Beschuss in Berlin, Kind unter Beschuss irgendwo mit fremden Leuten.

Wie hält eine Mutter das aus?

Der Krieg war zu Ende; ohne leiblichen Schaden ist die Familie Trautmann wieder zurückgekehrt nach Joachimsthal. Von den Eltern gab es kein Lebenszeichen. Wie auch. Post wurde nicht befördert. Züge fuhren nicht.

Eines Tages gab es ein schlimmes Sommergewitter, das zwischen Grimnitz- und Werbellinsee nicht vorbei kam. Ich hatte mich ins Bett verkrochen – ich konnte keinen Krach vom Himmel mehr ertragen. Mutter auch nicht, daran dachte ich jetzt wieder. Mir schien plötzlich, als hörte ich ihre Stimme von weit her. Es schien nicht nur so – es war ihre Stimme, sie kam vom Hof. Noch barfuß rannte ich hinaus – Mama: Und Papa, auch er war wieder da. Nach wochenlangen Versuchen war es ihnen gelungen, auf einer Lok zeitweise, bis nach Eberswalde zu fahren, von dort aus sind sie gelaufen. Der Weg zurück nach Berlin ein paar Tage später erfolgte nun zu Dritt, ebenfalls zu Fuß.

Auf den Wiesen stand das Vieh, verlassen; die Kühe brüllten. Ein Rotarmist stürzte auf Mutter hinzu, flehte sie an: „Du Frau melken." Mutter versuchte ihm zu erklären. „Ich Berlin, nix melken". Erst als sie ihm ihre Hände vorzeigte, begriff er wohl, dass diese schmächtige Frau mit den schmalen Händen nicht melken kann. Jammernd wandte er sich ab und schaute weiter nach Leuten, die den Kühen und den Hungernden helfen könnten.

In Berlin war es schrecklich. Überall stank es brandig, oftmals auch nach Leichen. Am schlimmsten am S-Zugang Unter den Linden. Mutter kam zu diesem „Ausflug" nur widerwillig mit, aber Vater wollte wissen, wie es in der einstigen Prachtstraße aussieht, drei Monate nach diesem Krieg. Mutter stimmte seinem Kommentar zu: „Das bauen wir in hundert Jahren nicht wieder auf". (Wie bekannt, hat es die „Aufbau"- Generation und die Jugend in vielen freiwilligen unbezahlten Arbeitseinsätzen in weitaus kürzerer Zeit geschafft.)

Die Fenster zu öffnen, war in dieser Zeit ein Wagnis, sofort schwirrte es nur so von Fliegen in der Wohnung. Mutter und ich standen in der Stube und versuchten, mit Tüchern bei Gegenzug die dicken grünen Brummer wieder hinaus zu scheuchen.

Dann bekam Mutter die Ruhr, die damals grassierte und an der viele Menschen starben. Abermals mussten wir um

Mutter bangen. Sie überstand, wenn auch wieder um einiges geschwächt. Und der Hunger tat sein Übriges.

Bäcker und Fleischer hatten nur stundenweise geöffnet – wenn es Ware gab. Stundenlang standen wir abwechselnd an, oftmals umsonst, weil inzwischen ausverkauft.

Mutter hatte in den ersten Nachkriegswirren, als die Lebensmittellager von der hungernden Bevölkerung gestürmt wurden, einen Karton mit Erbsen und Pudding- pulver erwischt. Die Erbsen waren bald aufgebraucht. Der Pudding schmeckte uns anfangs noch, wenn nur mit Wasser und Süßstoff gekocht, dann widerte uns das süße Zeug all- mählich an. Aber es war über Wochen die einzige warme Mahlzeit.

Manche Familien kauften ihre Lebensmittelkarte sogleich ab und hatten dann den Rest des Monats nichts mehr zu essen. Mutter teilte ein und versuchte, aus kärglichen Zutaten Essbares auf den Tisch zu bringen.

L e b e n s m i t t e l – was sich so selbstverständlich dahin sagt, diese Mittel zum Leben waren nach Kriegsende so gut wie nicht vorhanden. Und wenn nicht die – heute so verteufelten – Russen aus ihre Feldküche Essen und Brot verteilt hätten, wie viele mehr wären noch gestorben. Gene ral Bersarin, der erste sowjetische Stadtkommandant von Berlin, half, das wirtschaftliche und kulturelle Leben in Ber- lin wieder in Gang zu bringen.

Zu dem Hunger kam noch der eisige Winter 1945/46 mit Minusgraden bis oftmals mehr als 20 Grad, und das über mehrere Wochen. Kaum einer hatte noch Heizmaterial.

Noch im Spätherbst zuvor reihte Mutter mit einer Bekannten sich ein in die Kolonne der Feuerung-Sucher. Zu schweren Sachen musste Vater hinzugezogen werden. Er sägte hervorstehende Balken ab, soweit es die längst stumpfe Säge noch vermochte. Auf dem Handwagen der Bekannten wurde die meiste karge Ladung nach Hause gebracht und aufgeteilt. Dann gaben auch die Trümmer nichts mehr her. Die Berliner sägten die Straßenbäume ab, der Tiergarten und andere Parks wurden „gerodet". Es gibt darüber dieses Gedicht von Bert Brecht: Die Pappel vom Karlsplatz

> Eine Pappel steht am Karlsplatz
> mitten in der Trümmerstadt Berlin.
> Und wenn Leute gehen übern Karlsplatz,
> sehen sie ihr freundliches Grün.
>
> In dem Winter sechsundvierzig
> fror'n die Menschen, und das Holz war rar,
> und es fielen da viele Bäume,
> und es wurd' ihr letztes Jahr.
>
> Doch die Pappel dort am Karlsplatz
> zeigt uns heute noch ihr grünes Blatt:
> Seid bedankt, Anwohner vom Karlsplatz,
> daß man sie noch immer hat.

Eltern wurden aufgerufen, ihren Kindern Kohlen für die Schulen mitzugeben, um den Unterricht weiter führen zu können. Aber wer hatte schon Kohlen. Also wurden die Schulen geschlossen. Onkel Fritz, Mutters ältester Bruder, war Eisenbahner. Er brachte uns manchmal in seiner Aktentasche vier oder fünf Kohlen, „Gleisware": hinuntergefallen bei einem Kohlentransport. Irgendwann war auch jede Feuerung zu Ende. Gas und Strom gab es nur stundenweise. Die Wände im Schlafzimmer hatten eine Eiskruste. Mutters Eisenbett wurde ins Wohnzimmer bugsiert. Vater schlief auf der Couch, Mutter nahm mich zu sich in ihr Bett. So versuchten wir uns gegenseitig zu wärmen – und froren dennoch erbärmlich. Über zwei Wochen lang war das Bett unser Zufluchtsort vor der Kälte.

Später begannen die Hamsterfahrten; oft in abenteuerlicher und Kräfte zehrender Weise: auf den Trittbrettern überfüllter Züge, stundenlanges Laufen über die Dörfer von Bauer zu Bauer. Getauscht wurde alles – gegen Kartoffeln. Es hieß damals: Die Städter schleppen den Bauern die Teppiche in die Kuhställe.

Mutter hatte keine Teppiche; Mutter drehte Zigaretten aus auf dem Balkon gezogenem Tabak oder aufgesammelten Zigarettenkippen oder tauschte mit Süßstoff oder Garn, das wiederum gegen irgendetwas getauscht war. Es war ein stetes Tauschen in dieser Zeit. Auch Rezepte tausche man sich aus, z.B. für „Schnuppersuppe" oder Brotaufstrich, verfeinert mit Würze oder „Schmalz".[1]

Mutter hat selten mit mir geschimpft. Aber als ich einmal keine Lust hatte, diese winzigen Kartoffeln für den 5-Liter-Topf zu schälen, konnte ich mir was anhören.

Auch zum Ährenlesen auf abgeernteten Stoppelfeldern

---

[1] „Schnuppersuppe", das sind rohe geriebene Kartoffeln in Salzwasser gekocht; Schmalzersatz: Mehl in Salzwasser mit viel Majoran zu einem dicken Pamps verkocht, so man hatte, kam eine Messerspitze Fett hinzu.

sind wir gefahren, dann durfte ich mit. Die Ausbeute war meist karg, die noch liegen gebliebenen Ähren brachten wenig Korn. Mutter mahlte sie zu Schrot in unserer alten Kaffeemühle für eine Suppe: „Kräftig" mit Salz, Zwiebel und etwas Fett oder als süße Suppe mit Süßstoff, manchmal auch schon mit Zucker.

Süßstoff – wie oft haben wir uns später daran und an den Süßstoffpudding erinnert. (In meinem Haushalt gibt es erst wieder seit ein paar Jahren Zuckerersatz – gesundheitsbedingt). Als die Zeiten langsam ein wenig besser wurden, wurde auch die beschaffte Nahrung ein wenig „gehobener". Nun fuhren wir in die Brandenburger Spargelgegend und kamen mit Spargel und Eiern wieder zurück. Als wir einmal auf dem stundenlangen Rückweg von einem heftigen Gewitter überrascht wurden, riss ich Mutter in den Straßengraben; sie schrie auf wegen der Eier. Aber es war nicht eins entzwei gegangen.

Wie oft haben wir später darüber gelacht. Später – das war so um 1948 – 1950. Vater hatte wieder zeitweise ein paar Jobs, Vertreter für alles Mögliche, meist Sirupsaft; im Sommer wurde auch schon manchmal wieder ein Aushilfskellner gebraucht.

Wenn Mutter dann abends in ihrem Sessel beim Strümpfe-stopfen saß, war das unsere Erzählstunde. Ich fragte sie gründlich aus nach ihren Erlebnissen mit den Filmschauspielern; was so ein Teenager eben für Fragen stellt.

Mutter hatte ein wunderschönes flaschengrünes Kleid, Ripsware, über der linken Schulter mit großen Knöpfen schließbar und schmal im Schritt. Ich mochte dieses Kleid, Mutter sah darin wunderschön aus. Eine der Filmdiven mochte es nicht mehr und fragte Mutter, ob sie es noch tragen wolle. Natürlich wollte Mutter.

Ach ja, dieser alte Sessel. Wie alle Gegenstände in der Wohnung war auch er ein „Überlassungsmöbel". Ausgebombte bekamen von Bekannten oder Verwandten solche Sachen, von denen sie sich gerne trennten. Unser Schlafzimmer, z.B., bestand aus zwei schwarzen und einem weißen Eisenbett, 1 schwarzem Kleiderschrank, einem weißen Küchenschrank, 1 schwarzem Vertiko (das hatte ich für meine Habseligkeiten ganz allein, incl. 1 Fach für die Schulsachen), 1 großem Tisch. Der stand quer vor dem Fenster, auf diesem machte ich Schularbeiten oder nahm bei schönem Wetter ein Sonnenbad. Im Wohnzimmer befand sich besagter Sessel, ein Spiegelschrank, das Fragment einer Couch, ein kleines Büroregal, das Seitenteil eines Sofas.

Wer nur flüchtig hinschaute, glaubte eine dezimierte Standuhr vor sich zu sehen. Es war ein Sammelsurium an Möbeln verschiedener „Stilepochen". Die Küche hatten wir gemeinsam mit der Familie, die das dritte Zimmer der Wohnung belegte und die in dem zerbombten Haus über uns gewohnt hatte. Welche Küchenmöbel wessen Eigentum waren, weiß ich heute nicht mehr.

Den ollen Sessel mochte Mutter dann nicht mehr, wir haben ihn, weil er so schwer und plump war, entsorgt, indem wir ihn über drei Etagen die Treppe hinunter stießen. Es war ein ohrenbetäubendes Gepolter. Vater konnte ihn dann unten fast mühelos zusammenklauben.

Irgendwo las ich einmal folgendes: „Wer über Wohnzimmer grinst, hat immer eins gehabt".

Mutters Traum von damals war es, auch wieder ein gediegenes Wohnzimmer zu besitzen. Er hat sich für sie nicht mehr erfüllt; sie ist zu früh gestorben.

Werner Piecha

# Emma Emilie

Vor dem Blumenladen „Vergiß-mein-nicht" liegt eine
rote, abgebrochene Geranienblüte. Ich hebe sie auf, rieche
an ihr und dabei öffnen sich Fenster der Erinnerung.

Ich höre meine Mutter sagen: „Hol du schon mal Zeitungspapier. Damit wickeln wir die Geranien ein und hoffen, dass der Frost ihnen nichts anhaben kann. Im vorigen
Jahr haben wir das Gleiche gemacht, weißt du noch? Ich
möchte die Pflanzen zu gerne über den Winter bringen.
Wir stellen die Töpfe draußen im Flur auf die Bank, neben
die Waschschüsseln. Brich die trockenen Stiele ab, keine
Angst, ihnen passiert schon nichts. Riechst du, was sie für
einen Geruch verbreiten?"
Die Winter in den fünfziger Jahren sind lang und kalt.
Eisblumen verzieren nun die Fensterscheiben, ersetzen liebevoll gepflegte Topfgeranien auf der Fensterbank. Einge-
frorene Wasserleitungen sind keine Seltenheit. Mit hand-
werklichem Geschick versucht meine Mutter die eingefrore-
nen Bleileitungen mit heißen Tüchern aufzutauen. „Nicht
mit offener Flamme an die Rohre kommen, die schmelzen
sonst wie Butter", erklärt sie mir.
Ihre praktischen Fähigkeiten muß sie wohl geerbt haben.
So wie ihre Mutter es von ihren Eltern erlernt hatte, so gab
sie es ihren Kindern weiter. Ähnlich wie bei einem Staffel-
lauf. Meine Mutter vertrat immer die Meinung: „Hilf dir

selbst, dann ist dir schon geholfen, ohne das Allgemeinwohl aus den Augen zu lassen". Schon als Kind nähte, stopfte, häkelte sie gern. Knifflige Muster waren keine Herausforderung. Vielleicht kann man es später gebrauchen. Wer weiß? Mitschüler, Kinder, die sich beim gemeinsamen Spielen verletzt hatten, versorgte sie mit Umsicht. „Emma die kann das" war die einstimmige Meinung. Stimmt! Ich erinnere mich an einen Unfall ihres 4 jährigen Enkels. Beim Spielen an einem Betonbehälter ist eine schwere Eisentür zugefallen und hat eine Fingerkuppe abgequetscht. Jürgen brüllt wie am Spieß, ich als 11 jähriger brülle noch lauter, ich ahnte die Folgen, die auf mich zukommen, aber nichts dergleichen geschah. Meine Mutter griff beherzt zu, klappte die herab hängende Fingerkuppe zurück, legte einen Verband an und mit einem Fahrrad ging es „Heidewitzka" zum Krankenhaus. Gratulation! Jürgen kann bis heute mit 10 gesunden Fingern aufwarten. Hier ist nur ein kleiner Beweis erbracht, daß sie das Geschick zu einer Krankenschwester hatte, neben ihrem Traumberuf einer Hebamme. Das wäre zu schön gewesen. Die schulischen Leistungen sprachen dafür. Doch wie es im Leben so ist, es kommt immer anders, als erhofft.

1908 stellt sich im Hause Bunk Nachwuchs ein. Ein Mädchen. Getauft auf den Namen: Emma Emilie. Einen Bruder hat sie schon, der drei Jahre älter ist. Karl Bunk, ihr Vater, ein Reichsbahnarbeiter befindet: „Wo drei Mäuler gestopft werden, wird es auch für vier reichen."

Und so kommt es auch. Trotz schmalem Geldbeutel, der Pfennig wird mehrmals gedreht und gewendet, reicht es immer für eine warme Mahlzeit. Und wenn es nur eine Suppe aus hartem Brot war. Keine Lebensmittel durften umkommen. Sparsamkeit war oberstes Gebot.

Ihre Schulzeit beginnt 1914. Kein gutes Datum! Der erste Weltkrieg begann. Mütter und Frauen, auf beiden Seiten der Front, beweinten ihre Söhne und Väter. So werden die ersten Schuljahre mit Durchhalteparolen, Verherrlichung für Kaiser und Vaterland zum Unterrichtslehrstoff. Nicht so im Hause Bunk! Die Familie ist streng katholisch und die zehn Gebote lehren was anderes. Mit Gebeten fängt der Tag für Emma an und wird auch so beendet. Für sie war es nie Zwang, sondern Freude, ein Dank für jeden geschenkten Tag.

Mit 14 Jahren ist die Grundschule vorbei. Bewerbungen für Krankenschwester oder Hebamme – Fehlanzeige. Die wenigen Lehrplätze sind vergeben an die, die gut schmieren konnten, an Leute, die in dieser Nachkriegszeit mit Fressalien punkten. Emmas Bruder studiert, durch Empfehlung eines Lehrers, an der Handelsschule in Kattowitz. Hier im Kattowitzer Steinkohle- Revier wird das nötige Geld für das Studium durch den Verkauf von Restkohlenstücken erbracht, die an der nahe gelegenen Kohlenhalde meine Oma in Schürzen aufsammelte. Für die Zweitgeborene ist kein Geld, sind keine Beziehungen vorhanden.

Das kriegsbegeisterte Deutschland mußte erleben, nach dem verheerenden 1.Weltkrieg, dass Grenzen auch verschoben werden können. So wurde im Jahre 1922 (bedingt durch den Versailler Vertrag) Kattowitz an Polen zugeschlagen. Für Deutsche kein gutes Pflaster mehr. Man war gut beraten, die geliebte Heimat zu verlassen. So hat die Weltgeschichte Familie Bunk nach Gleiwitz vertrieben. Eine Flucht ins Ungewisse. Emmas erste Flucht als 14 jährige. Geprägt durch diese Ereignisse ist meine Mutter ein denkender politischer Mensch geworden.

In Gleiwitz, meine Mutter ist nunmehr ca.15 Jahre, bleiben die Probleme die gleichen. Wo Arbeit bekommen?

Durch einen glücklichen Zufall, ein Rechtsanwalt sucht für seine Tochter eine Betreuung, kommt sie zu einem kleinen finanziellen Erwerb und kann somit zum Unterhalt der Familie beitragen. Hans, ihr Bruder, hat in der Gleiwitzer Grube eine leitende Stelle bekommen und unterstützt ebenfalls Vater, Mutter und Schwester.

Mitte der zwanziger Jahre stirbt ihr Vater, mein Opa, der Haupternährer. Mit einer schmalen Witwenrente heißt es nun für die Familie Bunk, den Gürtel noch enger schnallen. (Wie heißt es so schön: Zum Leben zu wenig und zum Sterben zu viel).

Aufmerksam geworden durch eine Zeitungsannonce: „Schneiderin sucht Hilfe", bekommt meine Mutter, wie es in der damaligen Zeit hieß, eine Anstellung. Jetzt kommt ihr zupass, was sie als Kind/Jugendliche gelernt hatte. Das Schneidern. Mit Fleiß und Geschick geht ihr die Arbeit von der Hand. Ratter, ratter summt die Nähmaschine und meine Mutter singt fröhlich mit. Mitunter auch ein französisches Lied, welches französische Soldaten durch die Nachkriegsereignisse neugierigen Kindern in Kattowitz beibrachten. Bis ins hohe Alter konnte sie den Text und die Zahlenfolge 1–10 fließend vortragen. Respekt, Mutti!

In ihrem Flüchtlingspass, ausgestellt am 13.1.46, von der Gemeinde Rodishain Krs. Sangerhausen stehen persönliche Daten, mit Unterschrift und mit Fingerabdruck des rechten Zeigefingers bestätigt:

Größe – 145

Gestalt – mittel

Augen – blau (Ergänzung meinerseits ; graublau)

Haar – dunkel

Besondere Kennzeichen – keine

Keine? Immerhin müssen es die Augen oder ihre frauliche Figur oder ihre Haare gewesen sein, die einem Seemann aufgefallen waren. Und dieser Matrose war mein Vater.

Gleich nach der Bergmannslehre in Gleiwitz, heuerte er bei der Handelsflotte an. Bereiste ferne Länder, sah wie groß die Welt ist. „So, mein lieber Sepp", befand meine Mutter, „nun hast du viel von der Welt gesehen, aber für mich wäre es schön, wenn du immer bei mir bleiben könntest." Nun weiß ich nicht, wie mein Vater reagiert hat, aber offensichtlich fand er Gefallen mit diesem hübschen Mädchen einen Bund einzugehen, den Bund der Ehe. Am 25. Juli 1928 gaben sie sich laut und deutlich das Jawort.

Ich habe sie später oft gefragt, wie habt ihr gelebt, gewohnt in Gleiwitz? Sie lachte und doch war sie traurig dabei. Sie sagte „Es war eine glückliche Zeit. Wie du weißt, ist Inge im Dezember 28, Gotthard im Dezember 30 und dein anderer Bruder Herbert im Juni 35 geboren. Wir waren gerade dabei unsere Träume zu verwirklichen. Oder glaubst du, wir hatten früher keine Träume? Unser Heim wurde von Tag zu Tag schöner. Wir wohnten in einem Siedlungshaus am Rande von Gleiwitz, nahe der Zeche, da hatte Sepp es nicht weit zur Arbeit. Ein Garten hinter dem Haus, den deine Oma bewirtschaftete, lieferte uns Gemüse und Obst. Eine Ziege brachte Milch frei Haus, was guckst du so ungläubig? Ja du hast richtig verstanden, eine Ziege! Die Ziege, so sagt man, ist die Kuh der Bergleute. Das haste nicht gewssßt, was? Und unsere Hühner legten Eier".

„Doch die schöne Zeit währte nicht lange. Dunkle Wolken zogen auf. Der Haß gegen Juden und Sozialdemokraten war sichtbar und spürbar. Dein Opa und dein Vater waren beide Sozialdemokraten. Im Familienalbum belegen Bilder, wie sie die Fahnen der Arbeiterklasse hochhielten. Alles umsonst. Und ab dieser Zeit, wer es sehen und hören wollte, ging es in unserem Land der Dichter und Denker moralisch bergab. Sepp sagte immer wieder: Die Rüstung dient nur einem Zweck, der Kriegsvorbereitung. Verlorenes Kattowitz und noch weitere Gebiete sollen erobert werden. Die Herrenrasse muß sich ausdehnen können. Ende August, Sepp kam von der Nachtschicht, weckte er mich und sagte, sieh aus dem Fenster! In den Straßen stehen Soldaten, Kradmelder fahren hin und her. So waren wir Augenzeugen, wie der zweite Weltkrieg direkt vor unserer Haustür seinen Anfang nahm. Am 1. September 39 war es dann soweit, deinen Vater haben sie drei Tage später zur Kriegsmarine einberufen. Tja und so waren unsere Träume jäh beendet und am Ende sogar zerplatzt. Und dann das ewige Warten und Bangen, wie geht es weiter, wie kommt er zurück, wird er überleben?"

Größere Pausen und fahriges glatt streichen des Tischtuches, unterstreichen ihre Aufgewühltheit. Wenn sie so erzählte, kämpft sie mit den Tränen. „Wasserpolnische" Wörter vermischen sich mit meiner Muttersprache. Ich habe die polnischen Wörter und Begriffe gern gehört. Sie lernte die Sprache in Kattowitz durch polnische Mitschüler im Unterricht. „Man darf nicht vergessen" so meine Mutter, „es deutete sich schon in den letzten Schuljahren die Zugehörigkeit zu Polen an, die 1922 völkerrechtlich umgesetzt wurde. Und da wurde auch ab und an polnisch geredet, so habe ich mir viele Wörter automatisch angeeignet."

Ich erinnere mich, dass sie sich mit anderen Umsiedlern (in der DDR so genannt) in meinem Heimatort, im gebrochenen polnisch unterhielt, wenn es nicht für meine Ohren bestimmt war.

Durchdrungen war die Liebe zu ihrer Mutter, die 1943 verstarb. Aus Erzählungen weiß ich, sie war eine gute Mutter und Oma. Muttis Bruder Hans, ihr Beschützer aus Kindertagen, Bruder und Freund (zuletzt Ende 1945 im Winter gesehen), den liebte sie genauso. Wie sagte meine Mutter immer: „Ja, ich werde euch wiedersehen!"

Am 23.01.1945 verlässt meine Mutter zum zweiten Mal ihre neue alte Heimat. Wieder alles aufgeben, ihr langsam gewachsenes, vertrautes Umfeld.

Sollte hier der Spruch zutreffen: „Damit etwas Neues ins Leben kommen kann, muss erst etwas Altes sterben?" Sieht so ein Abschied aus? Ein Neuanfang? Durch Flucht?

Die Russen kommen, sie sind nur noch zwei Tagesmärsche von Gleiwitz entfernt. Unüberhörbarer Kanonendonner lässt alle fliehen, die noch können. Meine Mutter mit ihren drei Kindern und mir im Bauch, tritt eine Flucht mit nicht absehbaren Ausgang an. Das was jetzt kommt, bezeichne ich als ihre Lebensleistung, eine Überlebensleistung!

Die Flucht endet am 10 Januar 1946 in Rodishain am Südharz. Nach einem Jahr mit grausam, eingebrannten Bildern. KZ-Häftlingszüge als perfide Begleitung der Lazarettzüge (in so einem Zug sind auch die vier untergebracht), die sich dadurch keinen Beschuss der Amerikaner erhofften. Hunger, Kälte, Lagerleben, teilweise unter freiem Himmel oder in Fabrikhallen, in irgendwelchen Schuppen, auf Stroh mit Ungeziefer aller Art durchsetzt, katastrophale hygienische Umstände, Bombenangriffe, Fliegeralarm, Flucht, Flucht, Flucht.

Wohin eigentlich, wo bin ich, wo sind wir? Sepp sagte noch im Dezember 1944 „Ich bin abkommandiert in den Harz, nach Rottleberode, hier soll der Endsieg herbeigeführt werden", so die Begründung. „Nehmt alles mit, vor allem Dokumente, wenn ihr fliehen müsst, der Krieg ist verloren."

Mein Vater ist Bergmann und soll als Sprengmeister Höhlen in das Gebirge des Harzes sprengen, um feindlichen Fliegern keine Angriffsfläche zu bieten. Von hier aus sollen dann Raketen den Endsieg herbeiführen. Meine Mutter wollte aber keine Raketen, keinen sogenannten „Endsieg", sie wollte eine Familienzusammenführung. Doch welche Entbehrungen auf sie zukommen würden, davon hatte sie keine Ahnung. Wie sollten drei Kinder im Alter von 17, 15, 10 Jahren versorgt werden? Mit eisernem Willen, Gottvertrauen, Disziplin, Geschick, Lebenshunger, mit solchen Eigenschaften ausgestattet, hat sie die einjährige Flucht überstanden.

Ihren Kindern jedoch, konnte sie nicht das Elend, die Grausamkeiten der noch umher schwadronierten SS, die vielen Toten, den Hunger, die Kälte vorenthalten. Aber als Mutter, so wie eine Glucke ihre Küken unter ihre Fittiche nimmt, so behütete sie ihre Kinder. Und so ganz nebenbei bin ich geboren. Jetzt zu fünft war die Lage noch aussichtsloser. Aber ihre Ausdauer und sich immer wieder sagen: „Ich will, ich werde, wir müssen überleben", das half. Am 9/10 Januar 1946 ist die Familie vereint und Sepp sieht seine Lieben, die um ein Kind reicher geworden sind. Die Flucht war auch eine Liebesgeschichte, durchdrungen von Sehnsucht nach ihrem geliebten Sepp und dem Glauben: *Wir sehen uns lebend wieder!* Bei solchen Erzählungen meiner Mutter, verhärteten sich ihre Gesichtszüge. Da spürte man welche Kraft von ihr ausging.

Wieder ein Neuanfang. Mit nichts in den Händen. Nur, was auf den ausgemergelten Körpern baumelte. „Da half kein Jammern und Klagen, keine Zeit für „solche Spielchen", so sagte sie. Ich bin mir aber sicher, ja, sie vermisste ihr Heimat, ihr vertrautes Umfeld, ihre Verwandtschaft, Freunde, die Gräber von Mutter und Vater.

Abermals stellt sie nun ihr Können unter Beweis. Aus alten, getragenen Sachen näht sie die schönsten Kleider, Mäntel, Jacken. Sie legte immer Wert auf ihr Äußeres. Sie war zeitlebens gut gekleidet. Eine Kappe oder Hut war Pflicht. Auf Bildern nicht zu übersehen. „Die Königin von England trägt auch Hüte. Was sie kann, kann ich schon lange." So war ihr Kommentar dazu.

Was ich aber nie sehen wollte, war ihre Kleidung für ihre letzte Reise. Alles im Schrank fertig gerichtet „Ich bin vorbereitet, bin mit mir und meinen Kindern im Reinen. Ich fürchte mich nicht. Sepp wird sich freuen."

Mein Vater, ihr Ehemann, ist 1960 verstorben. Steinstaublunge. Gleiwitzer Bergwerksstaub war stärker, als die klare Harzer Luft. Vier Jahre (56–60) lag er ununterbrochen in den Lungenkliniken von Bad Berka. Ich als Kind, durfte ihn nicht besuchen. Ansteckungsgefahr! So hieß es damals.

Nur ein einziges Mal gab es eine Ausnahme von 10 Minuten.

Seit Anfang der fünfziger Jahre war er in verschiedenen Sanatorien und Erholungseinrichtungen, alles war aber umsonst.

Und meine Mutter? Was hat sie von ihrem Mann gehabt? Wir Kinder? Nicht viel. Erst der verdammte Krieg, dann die lange Krankheit, ihre besten Jahre hat sie immer in Hoffen und Bangen verbracht. Und dennoch. Kraft fand sie im Gebet, im Glauben. Alle Schicksalsschläge hat sie ohne Murren angenommen. Das war ihre eigentliche Kraft!

Hatte sie Temperament? Und was für eines. Ich erinnere mich, als ein Pfeffer und Salzstreuer zweckentfremdet zum Wurfgegenstand degradiert wurde. Warum? Weil ich ihr Heiligtum ein elektrisches Bügeleisen als Wachsglätter auf meinen Skiern dringend benötigte. – Na ja, ist doch wahr-.

Oder, als ich nicht zur verabredeten Zeit zum Abendbrot erschienen bin, stand ein leerer Teller für mich auf den Tisch. Ihr einziger Kommentar war:

„Mir hat's geschmeckt. Morgen früh geht's weiter. Gute Nacht."

Umgekehrt konnte sie auch sehr einfühlsam und liebevoll sein. Meinen ersten Liebeskummer heulte ich mir bei ihr aus. Und was hat sie gemacht? Komm her, ich kenne das auch und tröstete mich. Dabei sang und summte sie das Lied: „Es geht alles vorüber, es geht alles vorbei...". Ich fühlte mich in diesem Moment besonders geborgen.

Dabei war ich mir gar nicht sicher, waren es nur meine Tränen oder auch ihre, die auf die Schürze tropften.

Bei ihrer Hausarbeit hatte sie sich immer eine Schürze umgebunden. Ich erinnere mich noch sehr genau, wie sich frisches braunes Brot vor dem Schürzengrau abhob, weil sie es vor dem ersten Anschnitt mit drei Kreuzen anritzte. Irgendwann habe ich sie darauf hin angesprochen:

„Weißt du, für mich ist es nicht nur eine Floskel – Unser täglich Brot gib uns heute – nein, es ist der Respekt vor der Arbeit vieler. Der Bauer, Müller, Bäcker. Hört sich nicht viel an, dabei sind tausende Handgriffe von Nöten, bis du dir Butter oder Fett auf eine Scheibe schmieren kannst. Ich habe Hochachtung vor unserem täglichen Brot." Ich auch!

1999 wollte sie nicht mehr. Einfach so. Den Euro aber, den hätte sie gerne noch erlebt. Es dauerte ihr aber zu lange. Tage zuvor habe ich mich von ihr verabschiedet. Ich heulend, sie im gefassten Ton: „Ich bin vorbereitet. Es geht alles vorüber und wir sehen uns wieder".

Wenn ich bedenke, dass in dem Wort Mutter, Mut steckt, so kann ich sagen: Ja, Emma Emilie hatte in ihrem

Leben Mut. Mut immer wieder aufzustehen. Wie sagte sie immer so schön: „Ich bin eine Steh-auf-Frau"

Ich betrete den Blumenladen. „Bitte von den roten Topfgeranien, drei Stück".

Reinhart Görsch

# Was hindert Sie,
## an Gott zu glauben?

„Was hindert Sie, an Gott zu glauben?" Diese Frage stellte meine Mutter einem ausgemachten Atheisten. Es handelte sich hierbei um den Dekan einer Fakultät der Humboldt-Universität zu Berlin, der während seines ersten Besuches einer Versuchsabteilung dieser Fakultät – mein Vater war hier der Direktor – mit uns ein Mittagessen einnahm. Das war nicht ungewöhnlich, da meine Mutter dem Betriebshaushalt vorstand, durch den u.a. auch anwesende Gäste beköstigt wurden. Nun war es bei uns üblich, vor dem Essen ein Tischgebet zu sprechen, was sofort mit dem hochgestellten Gast zu einer Diskussion führte.

Ja, sie war ausgesprochen diskussionsfreudig, meine Frau Mama, die mit Vornamen Ursula hieß. Über sie, über eine umsichtige, vielschichtig veranlagte, gebildete und ideenreiche Frau will ich mich bemühen, ein angemessenes Portrait zu erstellen. Damit möchte ich ihr ein literarisches Denkmal setzen, fühlte ich mich diesem Menschen doch in ganz besonderer Weise verbunden.

Mutti, wie sie von uns Kindern genannt wurde, war ein Einzelkind; geboren und aufgewachsen in Berlin. Der Vater war Reisender Kaufmann. Von ihrem Vor-leben bis zur Eheschließung 1937 weiß ich nicht viel. Wir Geschwister waren viel zu sehr gefangen von ihrer gebenden Art und ihrem ständigen Bemühen um unser Wohlergehen, dass es uns offenbar nie in den Sinn kam, sie irgendwann mal nach ihrer Kindheit, Jugend, ihrem Berufsleben udgl. zu fragen. Heute finde ich das eigenartig, aber so war es. Was wir wussten, ist, dass sie als Sekretärin beim Generalsuperintendenten der evangelischen Kirche im Brandenburgischen Konsistorium in Berlin Otto Dibelius (dem späteren Bischof der Evangelischen Kirche Berlin-Brandenburg tätig gewesen war.

Auch wussten wir, dass sie das Einzelkind-Schicksal lebenslang als Kümmernis empfunden hat. Was hätte sie darum gegeben, Geschwister zu haben. Deshalb, so lautete ihr Credo, wollte sie ihren Kindern dieses Schicksal ersparen und möglichst viele Geschwister schenken. Fünfmal, alle 2 Jahre, hat sie diesen Plan realisiert. Das letzte, 1945 geborene Kind, Barbara, lebte leider nur kurze Zeit. Jahrelang haben wir ihren Geburtstag als Sankt BARBARA-Tag begangen. Natürlich einer Idee meiner Mutter entsprungen und ganz typisch für sie.

Man muss sagen, dass ihr die Medaille „Verdiente Erfinderin des Volkes" zugestanden hätte; war sie doch Meisterin im Ersinnen von schönem, erfreuendem und gehaltvollem Ausgestalten aller möglichen familiären Veranstaltungen. So erinnere ich mich noch genau an die in der frühen Kindheit allabendlich stattfindenden sogenannten „Sternstunden", dem von ihr treffend bezeichneten Zeitraum vor dem Schlafengehen. Hier las sie uns Kindern aus irgendeinem geheimnisumwitterten Buch beim Schein einer Petroleumlampe eine Geschichte vor. Wegen der häufigen Stromsperren in der Nachkriegszeit war diese Beleuchtung nicht nur nötig, sondern auch die Ursache für den namens-gebenden

Stern, der sich durch den Lampenzylinder als heller Fleck an der Zimmerdecke abzeichnete.

In deutlicher Erinnerung sind mir in diesem Zusammenhang auch verschiedene Feiern bei uns zu Hause, wenn Gäste geladen waren. Grundsätzlich begannen diese Abende mit einer Art Aufführung durch allmählich „hochprofessionelle" Mimen in Gestalt von uns 4 Kindern, die unter der Regie meiner Mutter eingeübte Aktionen und erlernte Gedichte zur Darbietung brachten.

Das betraf über Jahre auch die dörflichen Erntefeste, die stets mit Beiträgen in Form von Gedichten aus dem Füllhorn meiner Mutter bereichert worden waren.

Sie war der „spiritus rector" für alle familiären Aktionen, eine echte Gestalterin, mit Herzblut und Engagement. Und eine Dichterin. Unsere ganze Kindheit und Jugend war geprägt von ständig wechselnden, ideenreichen und den jeweiligen Anlässen angepassten Ausgestaltungen unseres Wohnbereiches. Was sich vor allem in der Weihnachtszeit vom 1. Advent an darbot – anheimelnd und gemütvoll -, war so prägend, dass bis in die heutige Zeit jeder von uns noch genau so, man könnte es ruhig alt-modisch nennen, agiert.

Doch zum Aspekt der Poetin. Bereits als junge Frau hatte sie diverse Kurz-geschichten ersonnen und veröffentlicht. Allumfassend war jedoch ihr im wahrsten Sinne des Wortes dichterisches, konkreter gesagt Gedichte verfassendes Schaffen. Von der Form her entstanden verschiedenartigste Reime, allerdings stets nach klassischem Muster, also unter Beachtung der Einheit von Versmaß und Reim. Die Inhalte, niemals banal im Sinne von Gebrauchs-gedichten, richteten sich nach den unterschiedlichsten Anlässen, sowohl konkreten als auch abstrakten.

Unser bereits 1950 eingerichtetes Gästebuch lud ein mit den Zeilen:

*„In den trüben, dunklen Zeiten*
*Andern Freude zu bereiten,*
*Ist wohl edle Menschentat.*
*Drum mög' unser liebes Heim*
*Diesem Dienst gesegnet sein;*
*Jedem offen, früh und spat."*

In dieser ihrer Rolle als Ehefrau und Mutter ist ein weiterer, markanter Zug ihres Wesens absolut erwähnenswert – ihre Kämpfernatur. Es gab so manche Gelegenheiten, bei denen sie das eine oder andere ihrer Kinder, also auch mich, aus einer meist schulischen Situation herausboxte. Dies vor allem, wenn der entstandenen Bredouille eine Ungerechtigkeit zugrunde lag. So scheute sie sich auch nicht, in solchen Situationen politische Diskussionen zu führen, und dies auf weniger polemische, aber überraschend entwaffnende Art. Mit ihrer Überzeugung hielt sie einfach nicht hinter dem Berg, selbst wenn es im DDR-Staat nicht unbedingt diplomatisch war. Dabei war sie keineswegs rechthaberisch und absolut für Gegenargumente offen; es musste aber zu Ende diskutiert werden.

# II.

# Erziehungsmethoden

Das Wort Erziehung ist ein Zierwort, ein schöner
Deckmantel für vielerlei Mangelhaftes, Gleichgültiges
oder geradezu Häßliches.

*(Alexander Nexö, Erinnerungen)*

# Was ich zukünftig beachten will

1

6.5.80

## Was ich zukünftig beachten will

Ich muß das tun was die Mama und der Peter mir sagt, wenn wir in Voggenzell sind und auch zu Hause. Wenn mir das jetzt nicht in den Kram paßt, was die Mama mir sagt, dann muß ich sagen: „Jawohl Mama"! oder: „Ja", und nicht bocken, beleidigt sein, oder flennen. Was ganz wichtig ist für mich: Faule Ausreden, die muß ich mir

strengstens abgewöhnen.
Wenn die Mama sagt:„Du
sollst die Ostereier, zB, am
Sonntag erst essen und
nicht am Samstag, dann
muß ich das auch tun,
und nicht meinen die
Ostereier esse ich jetzt
trotzdem weil ich jetzt
gerne die Ostereier mag.
Das ist sowas was die
Mama wütend macht.
Oder wenn die Mama
sagt:„ In Voggensell
wird um 8$^{00}$ aufgestanden
und nicht eher, dann
muß ich halt warten
bis ich gerufen werde,

und nicht sagen: „Ich
mag nicht mehr schlafen",
und sich selbständig
in der Küche machen,
wo ich mich nun über=
haupt nicht auskenne.
Ich werde auch zukünf=
tig die Sturheit, das frech
sein bekämpfen
Worauf ich zu achten habe
bei der Mama in Voggen=
zell . In der Früh aufstehen
wenn ich gerufen werde,
das Zimmer aufräumen;
fragen ob ich ihr helfen
kann; schauen, ob Holz
zu hohlen ist; wenn
ich rumstrawanze,

nicht mit den Leuten
tratschen !!!
Nach dem Mittagessen
nach möglichkeit den
Teller ausspülen. Vor=
sichtig mit den Sachen
umgehen. Sich nicht
absichtlich schmutzig
machen; Hände und
Gesicht waschen und
dann einkremen .

(Kinderbrief aus dem Jahre 1980 – als Erziehungsmethode
der Eltern gedacht)

Inge Siegel

# Die Kindererziehung meiner Eltern

Ich wurde am 1. Mai 1944 geboren, bin mittlerweile also über 70 Jahre alt. Gedanken an die Kindheit sind mir stets präsent. Leider bleibt nicht nur das Gute in der Erinnerung haften.

Die Frage ist: Kann ich meinen Eltern heute noch Vorwürfe machen wegen ihrer Erziehungsmethoden? Ich denke: Nein. Wenn sie auch streng mit uns Kindern waren und es öfters zu Handgreiflichkeiten kam: sie haben ja nichts anderes von ihren eigenen Eltern erlebt. Kinder wurden nicht bestraft sondern gezüchtigt mit Ohrfeigen, Schlägen und auch Kopfnüssen, sie waren eine letzte Möglichkeit der Kindeserziehung.

Mutter war oft überfordert, sie hatte ja sieben Kinder großzuziehen. Wenn ihr alles zu viel wurde, schickte sie uns auf den Spielplatz, um selbst wieder zur Ruhe zu kommen. Aber auf ihren Pfiff hin mussten wir sofort zur Stelle sein. – Eine Spezialitäten meiner Mutter war Drohen, wenn wir ungezogen waren oder nicht das taten, was sie uns zu tun aufgab. Der letzte Ausweg war der Satz: Das sag' ich eurem Vater heute Abend! Bei meinen Brüdern fruchtete diese Ankündigung nicht, aber bei mir schon. Für mich als kleines Mädchen waren Drohungen schlimmer als Prügel. Oft hätte ich gewünscht, sie haute mir einfach eine runter, dann hätte ich meine Strafe gehabt. Gestehen muss ich, dass Mutter es nicht leicht mit mir hatte. Ich war ein böses und trotziges Kind und reizte sie oft mit meiner Bockigkeit.

Vater hatte kein gutes Nervenkostüm, ein Choleriker, der schnell wütend und aufbrausend wurde und mit Worten und Taten in der Wohnung umher tobte; mehrere Male nahm er das Mobiliar auseinander, flickte es aber später selbst wieder zusammen, er war ja Schreiner. Solche heftigen tätlichen Angriffe waren allerdings selten. Ich erinnere mich daran, dass er einmal einen Gugelhupf, den meine Mutter frisch gebacken hatte, zusammenschlug, so dass nur noch Brosamen übrig blieben. Diese haben wir später – Vater auch – so zerkrümelt gegessen. Wenn ich daran zurückdenke, muss ich schmunzeln. Aber es war nicht zum Lachen.

Ich denke, in Arbeiterfamilien herrschte einfach ein harter Ton, nicht nur in unserer Familie. Die Zeit nach dem II. Weltkrieg war schwierig. Die Armut, der Hunger und die wenigen verfügbaren Lebensmittel, die wir uns leisten konnten, machten die Tage schwer. Ich kann mich erinnern, dass meine Brüder am späten Abend auf die Felder der Bauern geschickt wurden, um ein paar Kartoffeln, Bohnen oder anderes Gemüse zu „beschaffen".

Eine meiner lebendigen Erinnerungen ist, dass ich mich oft schämte für unsere Lebensverhältnisse. Ich schämte mich für unsere Armut, die schäbige Wohnung und für die Altkleider, die ich auftragen musste. Dann die Scham darüber, dass ich Einkaufen geschickt wurde ohne Geld mit einem Zettel der benötigten Lebensmittel, und musste dann sagen: schreiben Sie es an! Beim Bäcker, beim Metzger, im

Konsum und bei der Milchsammelstelle. Mutter bezahlte dann, wenn Vater Freitagabend seinen Lohn nach Hause brachte.

Liebe war ein Fremdwort in unserer Familie. Soweit die Eltern überhaupt in der Lage waren, Zuneigung zu zeigen, so beschränkte sich dieses auf ein „An-die-Hand-nehmen", wenn wir spazieren gingen oder Einkäufe machten. Berührungen oder Umarmungen blieben aus, ein Manko, das die Eltern selbst schon in ihrer eigenen Kindheit und Jugend so erlebten.

Als ich einmal versuchte, meinem Vater ein „Gute-Nacht-Küsschen" zu geben, wurde ich abrupt weggedrückt. Damit konnte er nichts anfangen. Ganz viel später, im Erwachsenenalter, gingen wir dann gefühlsmäßig liebevoller mit uns selbst und den Eltern um. Aber der Mangel an Liebe und Zuneigung aus Kindertagen hat seine Spuren hinterlassen.

Was meine Schulzeit von 1950 bis 1958 anbelangt, so waren die Eltern keine Hilfe damals, außer dass meine Mutter streng darauf achtete, dass wir unsere Hausaufgaben machten. Ich war keine gute Schülerin, lernte widerwillig und verstand vieles vom Lehrstoff nicht. In Mathematik, was damals schlicht Rechnen hieß, konnte mir mein Bruder Fritz, drei Jahre älter als ich, manchmal helfen. Er durfte, als der einzige „Gescheite" von uns fünf jüngeren Geschwistern, die Mittelschule besuchen. Meine schulischen Durchschnittsleistungen bewegten sich bei 3–4, aber in so „wichtigen" Fächern wie Religion und Schönschreiben hatte ich eine 1. Diktate schreiben konnte ich gut, die Leistungen beim Aufsatz-Verfassen hingegen waren eher mäßig. – Den

Hauptschulabschluss haben alle Geschwister geschafft. Mein wenig markantes Abschlusszeugnis der Volksschule bewahre ich heute noch auf.

Fazit: Die elterliche Erziehung ist eine schwierige und emotionale Angelegenheit für beide, Kinder und Erwachsene. Leider ist diese Zeit prägend für das ganze zukünftige Leben.

Erwähnen möchte ich noch, dass sich mein Leben – alles in allem betrachtet – trotz vieler Mankos zum Guten gewendet hat. Auf Vaters Drängen hin hatte ich mich einer (unliebsamen) Ausbildung zur Einzelhandelskauffrau unterzogen, wurde später Sekretärin, was mir zumindest ein gutes finanzielles Auskommen sicherte. Glücklich wurde ich in diesem Beruf nicht. Aus einer Sinnkrise heraus verließ ich im Alter von 30 Jahren mein Arbeitsfeld, um – wer hätte es gedacht – noch einmal freiwillig die Schulbank zu drücken.

Die Abschlüsse zur Mittleren Reife und Hochschulreife verhalfen mir dann noch sechs Jahre lang zu einem sprachenorientierten Studium. Diese Wendung gab meinem Leben einen neuen Sinn, Auftrieb, bessere Perspektiven und Zufriedenheit, gepaart mit einer guten Portion an Selbstbewusstsein.

Silvia Edinger

# Vom Kochlöffel
# bis zum Kleiderbügel

Ich bin 1951 in eine mittelständische Beamtenfamilie in Krems/Niederösterreich hineingeboren worden. Mein Vater war ein „Oberrevident" am hiesigen Finanzamt, meine Mutter Hausfrau, wie die meisten Mütter aus dieser Generation. Wir lebten in einer kleinen Mietwohnung mit Küche, Kabinett und Schlafzimmer, ohne Bad, mit Klo am Gang. Mein Vater hatte selbst einen sehr strengen und gefühlskalten Vater gehabt und war eher ungeliebtes Kind seiner Mutter. Daher rührte wohl die Strenge, mit der er mich erzog. Sowohl körperliche Züchtigungen wie eine „Watschn", aber auch verbales Niedermachen waren üblich. Lob kam selten – höchstens in meiner Abwesenheit, wogegen meine schulischen Versagen (z.B. in Mathematik) zum Gegenstand von Ausführungen im Freundeskreis wurden. Ich hatte große Angst vor meinem Vater und mein stetiges Bestreben war, ihm nur alles recht zu machen, manchmal schon im Voraus eilenden Gehorsam.

Von meiner Mutter wurde ich zur Dienstbarkeit erzogen, zur Bescheidenheit und Fleiß. Sie deckte mich manchmal, damit ich der Ohrfeige durch meinen Vater entging, gelegentlich kam es aber vor, dass auch sie wütend auf mich war und mit allem zuschlug, was sie gerade in Händen hielt – vom Kochlöffel bis zum Kleiderbügel. Die Ehe mit meinem

Vater war nicht als glücklich zu bezeichnen und so schreibe ich ihre Prügelattacken ihrem Ehefrust zu. Die Hilfe für mich veranlasste mich, meiner Mutter persönliche Probleme nicht zu erzählen, um ihr zu den Schwierigkeiten mit meinem Vater nicht noch Kummer zu bereiten. Manche Eigenschaften sind, so glaube ich, in der Familie verankert und müssen nicht extra Teil der Erziehung sein. So war mein Großvater mütterlicherseits sehr pünktlich und zuverlässig, so ist es auch bei mir, dass man die Uhr nach mir richten kann. Bin ich einmal nicht beim vereinbarten Treffpunkt, ist es etwas Schwerwiegendes bis Lebensbedrohliches, von meiner Seite gesehen …. Der Erziehungseinfluss der Großeltern war eher gering, da die Großväter zeitig starben und die väterliche Großmutter selten da war. Die andere Großmutter ist mir nur durch gastliche Gesten in Erinnerung, sie bewirtete nicht nur Familienangehörige sondern auch vorbeikommende Wanderer und Geschäftsfreunde des Großvaters.

Ein für mich bedeutender Erzieher war ein Religionsprofessor, den ich in der Oberstufe des Gymnasiums vier Jahre hatte, und der mein Denken und Handeln sehr entscheidend beeinflusste. Viele meiner Professoren aus dem Gymnasium übten sehr positive Vorbildfunktion aus und waren so wertvolle „Miterzieher".

Ich glaube, dass auch die wirtschaftliche Situation einer Familie ein großer Erziehungsfaktor ist, man bekommt die Verhaltens- und Umgehungsweisen der Eltern mit, wenn es um die Bewältigung finanzieller Engpässe geht, man lernt zu sparen und zu wirtschaften. Diese Eigenschaften kann man im späteren Leben – auch bei finanzieller Unabhängigkeit und Wohlstand – schwer ablegen.

# III.
## Gefühle von Kindern füreinander

Heli Klein

# Laternengeschichten

„Lange Zeit fällt die Vergangenheit leicht von einem ab, scheinbar automatisch, als ob es sich so gehört. Nicht, dass ihre Szenen verschwänden, aber sie werden belanglos. Dann gibt es plötzlich eine Rückblende, das, was aus und vorbei war, treibt frische Triebe, verlangt Beachtung…

*(Alice Munroe, „Kinderspiel")*

Hoch oben auf einem Hügel weist eine schlichte Kirche den Menschen den Weg zum Dörfchen **Riethnordhausen,** im Volksmund auch **„Nurzen"** genannt. Ihren Namen **„Thüringer Laterne"** soll sie Napoleon verdanken. Und sie trägt ihn zu Recht, denn weit geht der Blick von ihr ins Erfurter Becken.

Die Dorfkirche ist mit dem Leben der Menschen verwurzelt. So sehr, dass sie als Chronist dienen könnte. Ihre Silhouette hat von 1945 bis 1953 auch die Nachkriegskindheit des Umsiedler-Kindes Heli Klein begleitet.

*Das Gestern webt seine Fäden in das Heute hinein.*

*Beim Nachdenken darüber, welche Spuren die Ausweisung aus dem Sudetenland und die Wiedereingliederung in der Fremde in meiner eigenen Biografie hinterlassen haben, befinde ich mich wie von selbst im Zwiegespräch mit der „Laterne",*

65

*diesem Zeitzeugen von Geschichte und Geschichten. „Wenn du*
*reden könntest", denke ich bei mir, „was alles würdest du von*
*meinen Kinderträumen und -nöten berichten?"*

*Plötzlich weiß ich, wie ich diesen Abschnitt meines Lebens*
*niederschreibe:*

**Ich werde zusammen mit der alten Kirche, der „Later-**
**ne", m e i n e Laternengeschichten erzählen. Geschichten**
**vom schweren Anfang – und wie eine Kinderfreundschaft**
**dabei half, ihn leichter zu machen.**

### „Hoffnung und Mut sind allzeit gut"

Damals, als der Krieg zu Ende war, kamen auf der einzigen Straße fast täglich müde Menschen auf den Ort zu.
Einigen schien der Weg vertraut zu sein. Sie beschleunigten
die Schritte, als sie ihr steinernes Dorfwahrzeichen
erblickten, dankbar und glücklich, endlich heim zu kommen. Andere, fremde, zögerten und gaben sich dann einen
Ruck: Das Dorf mit der Kirche auf dem Berg musste es
sein, für welches sie eine Zuweisung hatten – Treibholz des
Krieges, das angeschwemmt wurde.

Anfang September 1945 marschierte eine Frau mittleren
Alters heran. Sie hatte ein schmächtiges Mädelchen bei sich.
Als sie das Schieferdach der Kirche in der Sonne wie eine
Laterne leuchten sah, seufzte die Mutter erleichtert: „Itze sei
mer bald do."

Als erste Unterkunft wurde der Mutter mit dem Kinde
ein winziges Zimmer in der Dorfstrasse 26 zugewiesen. Für
die Hauswirtsfamilie bedeutete die Einquartierung in ihrem
engen Haus eine unliebsame Einschränkung. Die halbwüch-
sige Tochter musste wieder mit im Zimmer der Eltern schla-

fen. Anfangs ließ es das Familienoberhaupt die Umsiedler spüren, wie unwillkommen sie waren, seine Frau schwieg dazu und nur das Mädchen Lori begegnete ihnen mit unbefangener Freundlichkeit.

Wie bei so vielen Alteingesessenen im Dorf kam auch bei Waldners erst später Verständnis dafür auf, dass sie es mit Vertriebenen und nicht mit Herumtreibern zu tun hatten. Die aus einer soliden Existenz herausgerissenen Entwurzelten zeigten Entschlossenheit und Tatkraft, sich mit harter Arbeit eine neue zu schaffen. Von da an besserte sich das Verhältnis.

In jenen Monaten begegneten einem alle Facetten menschlichen Verhaltens, von Ignoranz bis zu stiller Menschlichkeit. Sicher früher auch schon und jetzt immer noch, aber für die fünfjährige Heli stellte es eine neue Erfahrung dar. Sie half ihre Wertvorstellungen prägen.

An einem trüben Nachmittag Ende Oktober, fast schon im Dunkeln, wanderte die Mutter mit dem Mädchen zu den Gärten jenseits des Dorfbaches. Von einem üppigen Busch lila-blauer Winterastern, die durch einen Gartenzaun lugten, brach sie einige Zweiglein ab, um damit eine kleine Vase zu schmücken – das einzige Geschenk zum sechsten Geburtstag ihres Kindes.

Sie weinten zusammen vor Kälte und Traurigkeit. Vom Vater fehlte jegliches Lebenszeichen.

*‚Das Mädchen von damals besitzt diese Vase noch, und in seinem Garten wachsen die gleichen Winterastern‘, möchte ich die „Laterne“ jetzt ergänzen, denn das kann sie ja nicht wissen.*

Julie Klein durfte bei der Ausweisung aus dem Sudetenland im Juli 1945 lediglich dreißig Kilo Gepäck pro Person mitnehmen. Mehr erlaubten die tschechischen Behörden nicht. Sie hatte deshalb in den Kinderwagen ihrer Tochter nur ein Federbett und Kissen sowie etwas leichte Kleidung und wenige Küchenutensilien gepackt. Wie viele Vertriebene rechnete sie damals mit baldiger Rückkehr.

Der Spätherbst des Jahres 1945 kam eisig daher. Die Menschen froren.

Zuteilungen auf Kleiderkarten und Schuhbezugsscheine erfolgten nur schleppend. Im November erhielten die Umsiedler aus Beständen des Roten Kreuzes, der Caritas und der Volkssolidarität einzelne notwendige Kleidungsstücke für den Winter. Auch diese Hilfsgüter reichten nicht für alle Bedürftigen.

Den Kleins mangelte es an warmem Unterzeug. Helis Strümpfe waren zu kurz, die Schuhe zu eng. Mutter Julie trug wie die meisten Erwachsenen Holzschuhe. Ihre einzige Jacke sah nach einigen Wochen Feldarbeit mit Herbstregengüssen so schonungsbedürftig aus wie die Trägerin. Aber mit einer zweiten Jacke oder gar Schonung zu rechnen, wäre vermessen gewesen.

Im holzarmen Erfurter Becken bestand besonders starker Mangel an Heizmaterialien. Mutter und Kind sammelten Mohnstroh auf den abgeernteten Feldern und Zweige von den Obstbäumen der Landstraße, damit sie sich abends eine Suppe kochen konnten. Als es nichts mehr aufzulesen gab, blieb auch für sie nur die Braunkohlenhalde der Zuckerfabrik in Walschleben als letzte Hoffnung. Dorthin pilgerten die Menschen im Schutze der Dunkelheit wie zu einem heiligen Berg.

*Ja, „Laterne", ich sehe uns noch bei dieser abgewandelten Art von Wallfahrt mit Kinderwagen und einem löchrigen Sack durch die Finsternis stapfen. Die nächtlichen Kohlenklau-Aktionen belasteten das Gewissen meiner gläubigen Mutter jedes Mal schwer. An Stoßgebeten fehlte es dabei nicht. ‚Lieber Gott, mach, dass wir nicht erwischt werden!' Wir hatten immer Glück. Meine Mutter schrieb es den zusätzlichen Vaterunsern zu, die sie dem verständnisvollen Herrgott widmete. Als Lohn der Angst genossen wir einige Abende die Wärme des Herdes. Daran erinnere ich mich gut.*

Mit zunehmender Kälte wurde es immer schwieriger, die Kleine auf die Felder oder zum Dreschen in die Bauernhöfe mitzunehmen. Niemand verbot es, aber Arbeitsablauf und Aufsichtspflicht ließen sich nicht unter einen Hut bringen.

Deshalb empfand die Mutter große Erleichterung, als die Schulleiterin nach einigem Überlegen Helis Einschulung zustimmte. Mochte das Kind körperlich auch sehr zart sein, es hatte den festen Willen zu lernen. Das gab den Ausschlag.

Der allgemeine Schulunterricht wurde bereits am 1. Oktober wieder aufgenommen.

Die Schuleinführung der ersten Nachkriegsklasse sollte jedoch erst Mitte November erfolgen. Schule bedeutete damals wenigstens stundenweise Wärme, Aussicht auf „Schulspeisung" – einer Mahlzeit aus Schrotbrötchen mit Magermilch – und das Ende der Einsamkeit für das quirlige Mädchen: Geschenke von unschätzbarem Wert.

*„Rote Kirschen ess' ich gern, ... in die Schule geh' ich gern..."*

*Erinnerst du dich noch an das beliebte Kreisspiel der jüngeren Schulkinder, „Laterne"? Es verkürzte uns die große Hof-*

*Pause und wir sangen den Text mit Inbrunst, obwohl das Gern-in-die-Schule-gehen für viele Mitschüler mit jedem weiteren Schuljahr etwas weniger stimmte. Und gerade das konnte ich nicht begreifen: Mir machte die Schule mit jedem Jahr immer mehr Spaß!*

Am 15. November 1945 herrschte auf dem Schulhof Trubel. Das konnte man vom Kirchberg aus gut sehen und noch besser hören. Unter den 43 Kindern, die auf ihren ersten Schultag warteten, befand sich auch das schmächtige Mädelchen. Fast wäre die Einschulung noch gescheitert. Woher die Schulutensilien nehmen?

Schließlich kam die Familie Fritz Spiegler, freundliche Kleinbauern, denen die Mutter fürs Essen bei der Feldarbeit half, auf den rettenden Einfall: Der Tornister ihres Sohnes Herbert ließe sich doch zu einem Schulranzen umarbeiten!

Herbert war halbseitig gelähmt aus dem Kriege heimgekehrt. Ein Schuss hatte seinen Kopf verletzt. Sein Tornister blieb heil. Der invalide junge Mann, der das Leben mit der Behinderung erst zu lernen begann, hing an dem Kinde. Mit seiner munteren Art hinderte es ihn am Grübeln. Er kramte für Heli auf dem Dachboden auch noch eine gesprungene Schiefertafel und einen Griffelkasten hervor. Eine winzige, mit Mehlkleister geklebte Zuckertüte vervollständigte die bescheidene Ausrüstung. Ein paar Äpfel aus Spieglers Garten und harte Schrotplätzchen, die seine Mutter ihm auf der Herdplatte gebacken hatte, mussten dem lernbegierigen Kinde das Naschwerk ersetzen, das einige Bauernkinder aus ihren Tüten zauberten. Auf keinen Fall hätte es wegen einer besser gefüllten Schultüte noch länger auf die Schule warten wollen.

Im „Schulsaal", dem dritten Klassenraum in einem seitlichen Anbau des Schulgebäudes der Grundschule Riethnordhausen, drängten sich an jenem Novembertag die Schüler der ersten Klasse aneinander und gegeneinander, bis endlich alle in den viersitzigen Pultbänken Platz gefunden hatten – nebeneinander.

Dieses Nebeneinander läutete für die Bauerntochter Edith und das Umsiedlerkind Heli, zwei ungleiche Mädchen, die sich außer ihrer Blässe in nichts ähnelten, bald eine innige Mädchenfreundschaft ein.

Die Klassenlehrerin der Erstklässler, Fräulein Raschdorff, eine ältere kriegsevakuierte Dame, stand der Schule gleichzeitig als Leiterin vor. Nach dem Kriege blieb sie im Dorf, weil sie ihr Zuhause in den Berliner Bombennächten verloren hatte. Die zusammengewürfelte Schülerschar aus reicheren und ärmeren Bauernkindern und bedürftigen Umsiedlerkindern stellte eine große Herausforderung für sie dar. Mit Unnahbarkeit und Strenge versuchte sie ihr zu begegnen. Dafür wurde sie von ihren Schülern zwar respektiert, aber nicht geliebt.

Edith konnte die Lehrerin nicht leiden. Weil ihr das Lernen schwer fiel, „lunzte" sie öfter auf die Schiefertafel der Banknachbarin hinüber. Für Abschreiben gab es aber Bestrafungen, meist Nachsitzen mit unsinnigen Schreibübungen. Auch Heli wurde abgestraft – fürs Abschreiben lassen. Fräulein Raschdorff zog sie schmerzhaft an ihren dünnen blonden Rattenschwänzen. Die Folge war, dass sie die Lehrerin ebenfalls nicht mochte. Bei dem Mädchen bewirkten Strafen, die ihm ungerechtfertigt erschienen, genau das Gegenteil.

*Weißt du, „Laterne", das Ziepen empfand ich als Schikane.
Edith litt noch mehr als ich, geschah es doch ihretwegen. Ich
höre noch, wie sie mir zuflüsterte: „Konn 'se nich mich ziepe?
An mein' diggen Zöppen däd's nich so wehe!"*

*Unsere Freundschaft wurde durch das vermeintlich erlittene
„Unrecht" nur noch fester. Wir beschlossen, gemeinsam durch
dick und dünn zu gehen.*

*Heute weiß ich die Haltung meiner ersten Lehrerin zu wür-
digen und möchte gern Abbitte leisten. Sie lebte ein einsames
Leben. Vielleicht sehnte sie sich insgeheim nach ein wenig
Anhänglichkeit ihrer Schüler.*

Die Wärme im Schulraum musste oftmals durch mitge-
brachtes Heizmaterial aufgebessert werden. Reichte es an
grimmig kalten Tagen nicht, wurde der Unterricht vorzeitig
beendet. Die harten Roggenbrötchen der Schulspeisung
verwandelten sich im Munde zu einem klebrigen Brei, der
sich nur mit der Tasse heißer Magermilch hinunterschlu-
cken ließ. Aber sie halfen gegen Magenknurren.

Desto erfreulicher erschien den Schülern die Aussicht auf
ein Mittagessen.

Nach einem Plan der Gemeindeverwaltung wurden die
Umsiedlerkinder den Bauernfamilien zum Mittagstisch
zugeteilt. Diese sinnvolle Maßnahme verhinderte nicht nur
schlimmste Formen der Unterernährung, sie half auch besser als manche andere bei der Eingliederung. Die Kinder,
die an der Misere des Zusammenbruchs am allerwenigsten
Schuld trugen, wirkten dabei als Mittler zwischen den Alteingesessenen und den „Zugereisten", wie sie oft genannt
wurden.

Heli fehlte es nicht an mitleidiger Zuwendung. „Zipser"
wurde sie von den meisten genannt, ein Ausdruck für

besondere Bedürftigkeit.[2] Sie war wirklich sehr kleinwüchsig und dünn. Und sie aß wie ein Spatz.

## Hamsterbraten und Sperlingssuppe

Irgendwann in den trüben Herbstwochen, die viel Zeit zum Grübeln ließen, zerbrach Mutter Julchens Glaube an eine Rückkehr in die Heimat endgültig. Jetzt wartete sie nur noch auf ihren Mann. Sie fühlte, dass er am Leben war. Mit ihm würde der Alltagskampf leichter sein.

Ihre Hoffnung sollte sich am Nikolaustag 1945 erfüllen. Josef Klein, von Hunger und Schwerarbeit durch die tschechische Internierung gezeichnet, fand seine Familie nach mehrwöchigem Suchen mit Hilfe der Registrierlisten des Roten Kreuzes.

Die Freude über das Wiedersehen beflügelte die drei Wiedervereinten. Aber in die Glücksgefühle der ersten Wochen nach der Heimkehr mischte sich rasch Sorge. Vater Josef litt unter Hunger-Wassersucht. Sie entstellte ihn so, dass ihn sein Kind am Abend der Ankunft im flackernden Licht der Kerze nicht erkannte. Er brauchte dringend eiweißreiche Nahrung. Doch woher nehmen?

Eine Schwerarbeiter-Lebensmittelkarte bedeutete damals eine deutlich höhere Fleischration. Ohne entsprechenden

---

[2] „Zipser": im 12. und 13. Jahrhundert aus Mitteldeutschland und Schlesien ausgewanderte notleidende Bauern, Handwerker und Bergleute, die sich im damaligen ungarisch regierten Gebiet östlich der Tatra – Zipser Magura und Slowakisches Erzgebirge – ansiedeln durften. Quelle: Brockhaus Enzyklopädie, 1994.

Nachweis im Arbeitsbuch wurde jedoch keine bewilligt. Für die Aufnahme einer solchen Tätigkeit im 15 km entfernten Erfurt hätte Helis Vater die Strecke zweimal täglich zu Fuß zurücklegen müssen. Dafür fehlten ihm vorerst nicht nur die Kräfte, sondern auch das geforderte Dokument. Ein Teufelskreis.

Die Gemeinde beschäftigte in ihrem einzigen Wäldchen einige Männer mit dem Roden von Stubben alter Pappeln und Eschen. Diese Arbeit als Tagelöhner half dem Heimkehrer, die Winterwochen bis zum Erhalt des Arbeitsbuches zu überbrücken. Einen Teil der anfallenden Holzspäne verbrauchte die Familie, der andere diente als Tauschobjekt.

Während dieser Tage im Rieth erschloss der findige Mann eine zusätzliche Eiweißquelle. Als früherer Forstwart kannte er sich in Wald und Feld aus: Er kam mit mehreren erbeuteten Hamstern zurück. Vielleicht bewog dieses ungewöhnliche Wildbret den Hauswirt Alfred, sich seinerseits Gedanken zu machen, wie der Speisezettel der Untermieter aufgebessert werden könnte. Er baute im Stall, wo die Hühner gefüttert wurden, eine Fensterklappe ein. Schon lange hatte es ihn verärgert, dass die Spatzen sich dort ebenfalls bedienten. „Die stäh'n besser im Fudder als 'es Fädervieh", meinte er lakonisch, „unn gähm bästimmt eene kräftche Briehe här."

*So kam es, „Laterne", dass bei uns manchmal Hamsterbraten oder Sperlingssuppe auf dem Tisch stand. Das Rupfen der Spatzen fiel meinen kleinen beweglichen Fingern leichter als den Erwachsenen. Also half ich mit. Gegen den etwas streng schmeckenden Braten sperrte sich mein kindlicher Gaumen. Aber Mutters Graupensuppe mit Sperlingseinlage habe ich noch als wohlschmeckend in Erinnerung.*

Die Zeit ging ins Land. Mutter Julchen half verschiedenen Mittel- und Kleinbauern bei Feld,- Hof- und Gartentätigkeiten. In den ersten schweren Wochen und Monaten nach der Ankunft waren es vor allem die Familien Fritz Spiegler und Arno Fricke, denen sie gern zur Hand ging, weil deren stille und verständnisvolle Art ihr und dem Kinde gut tat. Besonders der Familie Fricke blieb sie auch später herzlich verbunden.

Die beständigste Tätigkeit bot sich – über mehrere Jahre hinweg – jedoch beim Großbauern Hermann Rudolph. Hier erhielt die Landarbeiterin neben Naturalien einen festen Stundenlohn. Dafür dauerten die Feldarbeiten oft bis zum Einbruch der Dämmerung.

*Ich sehe mich noch auf Spieglers Plüschsofa in der Wohnküche sitzen, „Laterne", und mit meiner Mutter zweistimmig Volkslieder singen. Mutters schöne warme Altstimme hinkte der Melodie meist eine Viertelnote hinterher, als müsse sie den Ton erst suchen.*

*Auf dem Sims jenes Sofas lag eines Tages eine Birne beachtlichen Ausmaßes, die dort nachreifen sollte. Bald stellte sie ein Objekt nicht zu unterdrückender Begehrlichkeit für mich dar. Als sie gelb und voller Saft war, konnte ich nicht anders: Ich biss heimlich hinein. Ach, schmeckte sie gut! Sie ganz zu nehmen, traute ich mich nicht. Danach legte ich sie – zuunterst die Stelle mit dem kräftigen Abdruck meiner Mäusezähne – vorsichtig wieder an ihren Platz. Nachts ließ mich mein schlechtes Gewissen nicht schlafen. Es geschah nichts. Ich wurde nicht ausgeschimpft. Doch am nächsten Tag war die Birne verschwunden.*

*In der verräucherten Hofküche bei Frickens roch es verführerisch nach in Rapsöl gebräunten Zwiebeln. Die Bauernfamilie hatte hart um die eigene Existenz zu ringen. Aber wenn Mut-*

*ter Julchen in der Wirtschaft half, durften wir stets am gleichen Tisch die einfachen Mahlzeiten mit ihnen teilen. Die schwere Eisenpfanne stand in der Tischmitte und wir stippten alle gemeinsam unsere Pellkartoffeln hinein.*

Vater Josef schlug sich 1946 zunächst mit befristeten Hilfsarbeiten für mehrere Erfurter Bau- und Fuhrunternehmen durch. Die 30 km Fußmarsch musste er jeden Tag in Kauf nehmen, bis er auf der Warteliste für eine der begehrten Arbeiterwochenfahrkarten der Bahn von Stotternheim nach Erfurt an der Reihe war. Nun reduzierte sich der Anmarschweg auf 10 km.

Vom Sommer 1947 an bis in den Spätherbst 1948 sah die Familie den Vater nur am Wochenende. Er konnte seine langjährigen Erfahrungen in der Forstwirtschaft nützlich und zu seiner Zufriedenheit als Vorarbeiter in den ausgedehnten Windbruchgebieten im Thüringer Wald einbringen. Danach erhielt er endlich eine feste Anstellung im Erfurter Kohlehandel.

Obwohl die Kleins sich im Zustand armer Kirchenmäuse befanden, fehlte es ihnen in der Folge nicht an freundschaftlichem Umgang und Anerkennung durch andere Menschen. Wegen ihrer Gewissenhaftigkeit und Zuverlässigkeit bei der Ausführung aller Arbeiten waren sie gefragte Arbeitskräfte. Man begegnete ihnen respektvoll. Bald kamen Tage, an denen auch einheimische Familien ihren Rat und ihre Hilfe suchten.

Das Eingewöhnen der Eltern in der Fremde erfolgte langwieriger und konfliktreicher.

Um der Zukunft ihres Kindes willen, versuchten sie die nächsten Schritte zu gehen: Sie trugen die Bausteine für seine neue Heimat zusammen. Dabei kamen sie innerlich auch selbst nach und nach in Thüringen an.

## Pflichten und Freuden der Kindheit

Das Mädchen Heli sah die Mühen der Eltern beim schweren Neuanfang, aber es litt nicht darunter. Einer der Gründe dafür waren die Freundschaftsbande zu Edith.

Noch während des ersten Schuljahres beschlossen die Freundinnen: Wer zusammen lernt, muss auch zusammen essen dürfen! Das setzte voraus, Helis Mittagstischzuweisung von der Familie Otto Koch zur Familie Arnold Seifert verlegen zu lassen.

Ein plausibler Grund ließ sich leicht finden. Denn bei Kochs, deren erwachsene Kinder sich bereits mit Hochzeitsplänen trugen, stellte sich nach Bernd, der erst die zweite Klasse besuchte, ein weiterer nicht geplanter Nachzügler ein, sehr zum Leidwesen der alternden Bäuerin. Obwohl alle die kleine Ute mochten – die zusätzliche Betreuung des Säuglings brachte Mutter Ella an die Grenzen ihrer Belastbarkeit. Otto hatte nichts zu lachen. Gleichmütig und schnell löffelte er seine Suppe, so heiß, wie sie vom Herd kam. Dann verschwand er wieder. „Werst's bestimmt ema mit'n Maachen krieche", wetterte die Hausfrau ihrem Mann hinterher.

*Du liebe Güte, „Laterne", habe ich damals gestaunt! Hatte Bernds Papa eine Lederzunge? Er war schon fertig, wenn der Junge und ich noch in unsere Suppe bliesen, um überhaupt essen zu können. Doch bald mahnte Mutter Ella ungeduldig: „Macht hin, Kinner!" Ihre Zeit war begrenzt. Der Säugling forderte sein Recht.*

Manchmal fiel wegen des schief hängenden Haussegens das Kochen bei Kochs einfach aus. Dem Wechsel der Mittagsversorgung von Heli wurde deshalb zugestimmt.

Bei Seiferts gehörte der „Zipser" bald wie zur Familie. Mit wirbelnden Beinen fegte das Mädchen die wenigen hundert Meter am „Spittel", dem ehemaligen Armenhaus, vorbei zu dem einstöckigen Bauernhaus in der Badergasse hinunter, in dem neben Ediths Eltern Arnold und Klara noch der fast erwachsene Bruder Alwin und Großmutter Lina, Klaras Mutter, lebten. So viel Platz gab es hier und jeden Tag Neues zu entdecken! Nicht nur der Hunger, auch der Erlebenshunger des Kindes wurde hier gestillt.

Damals sahen selbst in die Suppentöpfe vieler Bauernfamilien mehr Augen hinein als Fettaugen heraus. Auf die neugierige Frage: „Was gibt'se heite zu esse?" kam öfters die Antwort: „Schipper unn junge Hunne", eine wässrige Kartoffelsuppe mit Möhren und Grünzeug. Aber junge Hunde befanden sich nie darin. Ediths Papa liebte Scherze, wie man seiner lachenden Miene entnehmen konnte. Durch den engen Kontakt erlernte das Umsiedlerkind rasch die Mundart des Erfurter Beckens und thüringische Bräuche. Für die liebevolle Aufnahme machte es sich im Seifert'schen Haushalt nützlich.

Wenn Brot oder – vor Feiertagen – Kuchen gebacken wurde, durften die Mädchen den Weg zum Bäcker übernehmen. Nichts taten sie lieber! Der Hinweg war die Pflicht, das Abholen der verführerisch duftenden Backwaren die Kür. Einer Kontrolle seiner Unversehrtheit hielt das Backwerk selten stand, obwohl die Kinder im Tarnen ihrer mäuschenzarten Knabberlöcher erstaunliche Geschicklichkeit entwickelten.

In den Nachkriegsjahren stellte das Schlachtfest auf jedem Bauernhof ein herausragendes

Ereignis dar. Zum Jahresende, wenn das Abgabesoll an den Staat erfüllt war, durfte für den Eigenbedarf geschlachtet werden. In jener Zeit der Not wurde der Tag der Hausschlachtung von allen herbeigesehnt. Für die helfenden Hände der Umsiedler gab es nach der Arbeit ein kräftiges Essen und noch eine Kanne „Kesselbrühe" mit Fettbrocken und einem „Schlenkerwürstchen" als Zugabe darin mit nach Hause. Bei Frost hielt sich die am Fensterkreuz aufgehängte Kanne mit der vereisten Wurstbrühe tagelang und bot die Grundlage für nahrhafte Gerichte.

Hausschlachtungen stellten ein dörfliches Schauspiel dar. Sie wurden sorgsam vorbereitet: inszeniert und regelrecht zelebriert. Meistens wollten die Freundinnen dem Ritual erst beiwohnen, wenn das getötete Schwein schon im Hof an der Leiter hing, also nach dem blutrünstigen ersten Akt. Beim zweiten Akt, dem Ausweiden, stank es – darauf verzichteten sie freiwillig; im dritten Akt wurden sie in der Waschküche zum Schnipseln des Fleisches und zum Durchdrehen der Wurstmasse gebraucht. Besonders interessiert verfolgten sie die Entstehung von Würsten. Jeder Fleischer stellte dabei gerne seine ganz speziellen Kunstfertigkeiten zur Schau. Den vierten Akt, das Verkosten der gerade dem Kessel entnommenen Wellfleischstücke und Würste sowie des frischen Gehackten, hätten sie auf keinen Fall verpassen wollen. Köstliche Gerüche kündigten das Finale an. Die knurrenden Mägen nahmen den Applaus schon vorweg.

*Ach, „Laterne", ich bedauere es jetzt noch, dass ich so einen Spatzenmagen und keinen Vorratssack hatte! Von all den guten Dingen konnte ich nur kleine Bröckchen essen. Bei den Wurst-*

*sorten gab ich genau wie Edith der Knackwurst den Vorzug –
für uns die Königin unter den Würsten. Aber im Alltag stellte
bereits eine „Fettbemme", Schmalz auf frisch gebackenem Bau-
ernbrot mit einer sauren Gurke dazu, einen Hochgenuss dar,
den die Eltern mir nicht hätten bieten können.*

*Die Geruchs- und Geschmacksprägungen jener Jahre sind
mir sehr vertraut geblieben.*

*Für Thüringer Knackwurst mit Kümmel oder Knoblauch
stehe ich heute noch ohne Murren an den Marktständen
Schlange. Aber so gut wie die hausgeschlachtete aus den Nachkriegsjahren, bei deren Herstellung wir mithelfen durften, hat
mir keine wieder geschmeckt.*

## Kinderspiele

Die kontaktfreudige Heli spielte auch mit anderen Kindern, ihre Busenfreundin war und blieb jedoch Seiferts
Edith. Seit die Mädchen zusammen aßen und lernten, verbrachten sie naturgemäß fast die gesamte Freizeit miteinan-
der. Es beruhigte Mutter Julchen sehr, ihr Kind nach dem
Schulunterricht bei der Familie seiner Freundin in guter
Obhut zu wissen.

Im Frühsommer häuften sich in wenigen Wochen so
viele Feldarbeiten an, dass auch bei Seiferts jede Hand
gebraucht wurde. Wenn sie in jenen Monaten mit dem
Ochsengespann aufs Feld fuhren, um Runkeln (Futterrü-
ben) zu verziehen oder Frucht (Getreide) zu hacken, nahmen diese notwendigen Pflegearbeiten alle in eine harte
Pflicht, auch die gebeugte Großmutter und die Kinder.

Selbstverständlich begleitete Heli ihre Freundin. Die
Mädchen teilten sich das Arbeitspensum. In benachbarten

Reihen, auf den Knien rutschend oder mit den Hacken in der Hand, spornten sie sich gegenseitig an. Zu schwatzen gab es immer etwas. Das half gegen die Eintönigkeit der Bewegungen und die erlahmenden Glieder, denn die Feldreihen schienen oftmals kein Ende zu nehmen. Danach durften sie sich im Schatten des Ackerwagens ausruhen.

„Wir wer'n widder ‚Prinzessin' spiele, gelle?"
Zur Zeit der Mohnblüte fiel die Entscheidung leicht. Meist schlug Edith dieses Spiel vor.

Rasch wurde am Feldrain Klatschmohn gesammelt und kurz unterhalb der Knospe vom Stängel abgeknipst. Die geschickten Mädchenfinger zogen sanft die werdenden Blüten auseinander und setzten den zarten Fruchtstand als Köpfchen auf den Stielrest. Jetzt sahen die Mohnpüppchen wie Prinzessinnen aus, mit Roben von unterschiedlichem Rot aus den Blütenblättern, einer festlichen grünen Pelerine aus der Knospenhülle und einem gekrönten Haupt aus dem Fruchtstand, der einmal eine Kapsel hatte werden sollen.

Auf diese Weise ließ sich in kurzer Zeit ein ganzer königlicher Hofstaat herbeizaubern! Besonders prachtvoll und farbenfroh fielen die Gewänder aus, wenn ein richtiges Mohnfeld in der Nähe war. Freilich, diese Knospen mussten heimlich gekappt werden. Wenn die Kinder dabei ertappt wurden, hieß es: „Denn krichste bei der ‚Kermse' (Kirmes, Kirchweih) keen Mohnkuchen!"

Als bald nach dem Kriege die Dorfumzüge zum Erntedankfest und später zum 1. Mai wieder aufgenommen wurden, durfte Edith auch „in echt" eine Prinzessin sein. Besser als mit ihr wäre die Rolle des Schneewittchens beim Festumzug nicht zu besetzen gewesen. Weiß wie Schnee und schwarz wie Ebenholz. Grimms Märchen traf für ihr

Aussehen zu – nur vom roten Blute hatte sie stets zu wenig. Ihre schwarzen Haare fielen, wenn sie die Zöpfe löste, wie ein dichter Vorhang bis zur Hüfte herab.

Edith genoss es, wenigstens an diesen Tagen im Mittelpunkt zu stehen und ihrer Freundin den Rang abzulaufen. Die ehrgeizige Heli litt es ohne Neid; einer anderen hätte sie die Rolle jedoch nicht gegönnt. Sie selbst zog an diesem Tag als Zwerg mit, anders ging es nicht. Schließlich war sie noch um einen halben Kopf kleiner als die Zweitkleinste ihrer Klasse.

*Dieser Tatsache, du weißt es, „Laterne", verdanke ich auch den Spitznamen ‚Zwerg', den mir die Schulfreunde gaben, und der bezüglich meiner Körperhöhe noch in der achten Klasse zutraf. Du hast uns bei den fröhlichen Umzügen von deiner hohen Warte aus begleitet. Aber konntest du auch hören, wenn mir die Freundin mit ihrer sanften Stimme zuflüsterte:*

*„Kimmste heite widder spiele bei mich?". So lud sie mich verschwörerisch zum Spiel mit unseren Puppen ein, wenn keine Feldarbeit anstand. Jahrelang spielten wir hingebungsvoll ‚Familie'.*

Edith besaß eine Gliederpuppe mit echten Haaren. Helis Püppchen hieß Tina. Ihr Vater hatte es beim Abtransport von Schutt aus den Steinmassen gerettet. Dass aus dem Stoffleib schon die Holzwolle durchschimmerte und öfter Kopf oder Arme wieder angeflickt werden mussten, tat der Liebe zu ihrem Puppenkind keinen Abbruch.

Gespielt werden durfte aber erst nach Erledigen der Pflichten. Heli bekam von ihrer Mutter nur wenige aufgetragen, ihre Freundin hatte einige. Dagegen half auch keine Auflehnung.

Nach den Schularbeiten musste sie die Betten ‚machen'. Gar nicht so einfach, ein prall mit Federn gefülltes Bauernbett aufzuschütteln!

Dann warteten die Hühner, Gänse und Kaninchen auf Futter. Im Frühjahr und Sommer zogen die Mädchen mit „Wanne" (runder oder ovaler Henkelkorb aus Weide) und Messer auf Kleefelder oder Wiesen hinaus, um „Bimbaumeln"(Löwenzahn) und Disteln für die Tiere oder auch „Rawinzchen" (Feldsalat) für eine Salatschüssel zum Abendbrot zu sammeln.

In einigen Jahren kam es zu einer Maikäferplage. Sehr zur Freude der Kinder erleichterte sich dadurch für kurze Zeit die Hühnerfütterung. Die Käfer ließen sich ohne Mühe in Massen von den Obstbäumen schütteln und in Gießkannen sammeln. Die Hühner stürzten sich auf diese ungewöhnlichen Leckerbissen. Auch das Federvieh liebte eben etwas Abwechslung von seiner Alltagskost. Jedoch schon nach wenigen Tagen stolzierte es, der Käferfülle überdrüssig, gelangweilt daran vorbei.

Nach den Aufgaben der Tierfütterung waren meist noch Einkäufe zu erledigen und vor den Wochenenden die Fußböden im ganzen Haus zu wischen. Gemeinsam erledigten die Mädchen die Pflichten. Manchmal machte es sogar Spaß. Bei guter Einteilung blieb immer Zeit zum Spielen. Auch mit Lob wurde nicht gespart, wenn sie Arbeiten besonders sorgfältig erledigten.

*Jetzt möchtest du sicher, „Laterne", dass ich die verrückte Geschichte erzähle, als wir uns vor der ‚Kermse' einige zusätzliche Groschen fürs Kino verdienen wollten.*

*Um dem Fußboden zu besonderem Glanz zu verhelfen, fügten wir dem Scheuerwasser ein halbes Päckchen ATA hinzu.*

*Die Ölfarbe des Schlafzimmerfußbodens löste sich auf, kaum dass wir begonnen hatten. Auch Spülen mit reichlich Wasser nützte nichts mehr. Eine Ecke blieb gescheckt wie eine braungefleckte Kuh. Und das zu einer Zeit, wo Farben aller Art eine absolute Mangelware darstellten! Wie sich rechtfertigen?*

*Ratlos sahen wir uns an. Eine ‚Schelle' (Ohrfeige) wäre wohl das mindeste, was uns als Strafe erwartete. „Mutter", schluchzte Edith schon vorbeugend, „es stand doch ‚**Scheuerpulver**' auf der Packung!" Zu unserer Verblüffung lachte Klara Seifert trotz des Schadens. Sie zeigte uns, wie ein warmherziger Mensch reagiert: Wir erhielten die Groschen für den guten Willen.*

Die Kinder wuchsen heran und ihre Spiele veränderten sich mit ihrem Alter.

Bei einer Kindheit auf dem Lande blieben die Geheimnisse von Vermehrung und Geburt im Tierreich nicht im Verborgenen. Nachfragen über Empfängnis und Geburt beim Menschen dagegen lösten bei den Erwachsenen nur abwehrende oder komisch schamhafte Reaktionen aus.

Seiferts besaßen ein Nachschlagewerk „Der Mensch". Das heimliche Studium der Bilder machte den Mädchen heiße Wangen. Den Text verstanden sie nicht. So ließen sie sich ihre Kenntnislücken von älteren Mitschülern schließen. Die redeten ohnehin kaum über etwas anderes.

Auf diese Weise erfolgte die Aufklärung wenig einfühlsam und ohne Achtung – als handle es sich nur um einen simplen biologischen Mechanismus. Das Gehörte wurde unverzüglich im Spiel umgesetzt. Der Akt der Zeugung bereitete ihnen Kopfzerbrechen. Mehr als sich nackt aneinander zu schmiegen, fiel ihnen dazu nicht ein.

Gebären ließ sich einfacher darstellen. Edith steckte sich eine Puppe zwischen Hemd und Höschen. Heli fungierte als eilig herbeigerufener Arzt, als sie in den Wehen schrie – sie hatten gehört, dass dabei zu schreien war -, und half dem Puppenkind zwischen den mageren Mädchenschenkeln das Licht der Welt zu erblicken. „Uns gä'm se de Bubben noch ema mit ins Grab", sagte Schneewittchen zu ihrer Freundin. Da waren sie schon zwölf und spielten die Spiele so, wie sie sich das wirkliche Leben dachten.

Neben dem „Mutter-Kind-Alltag" stand natürlich auch „mondäne Stadtdamen" auf dem Spielplan. Über viel Erfahrung, wie die aussehen könnten, verfügten sie nicht. Aber die Bauerntruhen auf dem Dachboden stellten einen guten Fundus dar und regten ihre Fantasie an. Großmutters Korsett aus früheren Zeiten stopften sie im Busenteil mit Taschentüchern aus und drapierten die Kleidung aus Klaras Schrank zusätzlich mit dekorativen Schleppen. Eine solchermaßen aufgeputzte Dame musste natürlich auch vornehm mit Zigarettenspitze rauchen können!

Aus den Beständen der Väter wurden heimlich Zigarettenpapier und Tabak abgezweigt. Jedes Mädchen „drehte sich eine". Das Anzünden mit einem Fidibus hätte beinahe zu einem Brand geführt. Die Löschaktion stellte eine unliebsame Unterbrechung dar. Aber der Spielablauf war bereits so weit fortgeschritten, dass keine der beiden „Stadtdamen" jetzt noch auf das Schlüsselerlebnis der ersten Zigarette verzichten wollte. Mit Anstrengung pafften sie einige Züge, um sich dann einzugestehen, dass es ganz und gar kein Genuss sei.

Sie hatten die breitgedrückten Zigarettenreste noch nicht beseitigt, als Ediths Mutter vorzeitig das Haus betrat, schon im Flur den Mischgeruch aus Brand und Zigaretten wahrnahm, ziemlich furios vor den Freundinnen auftauchte und sofortige Erklärung verlangte.

*„Laterne, Laterne", da ging uns ganz schön ‚die Muffe'! So wird auch in Nurzen ängstliches Herzklopfen genannt. Nein, diesmal lachte Mutter Klara nicht.*

*„Habt ihr ‚Kerle' dagehabt?", wollte sie von uns wissen. Es half nur eine Generalbeichte über den Rauchversuch. Sie glaubte uns schließlich. Noch war es harmlos gewesen. Noch. Von dieser Zeit an ließ man uns nicht mehr so viel Freiraum für Spiele. Die Freizeit von Edith wurde kontrolliert.*

Filmvorführungen stellten damals im Dorfalltag etwas ganz Besonderes dar. Alle vierzehn Tage ratterte das klapprige Auto des Landfilm-Vertriebes über das Kopfsteinpflaster der Dorfstraße. Nachmittags wurden Märchenfilme oder andere altersgerechte Filme für Kinder gezeigt. Immer, wenn die erforderlichen 25 Pfennig zusammengespart waren, saßen die Freundinnen mit anderen Schulkameraden auf den harten Stühlen im Saal der Dorfschänke.

Ein Raunen, wenn der Film riss! Und er riss oft. Geduldig warteten alle, bis der Vorführer ihn wieder zusammengeflickt hatte. Aber ein Aufschrei bei Stromsperre! Mitten im Film nach Hause geschickt zu werden ohne das Ende zu kennen, war die schlimmste Strafe. Viel schlimmer als mehrere Stunden nachzusitzen.

Edith und Heli liebten Märchenfilme und Musikfilme. Den nachhaltigsten Eindruck hinterließ ihnen jedoch ein Kinoerlebnis ganz anderer Art. Etwa zur Zeit ihres dreizehnten Geburtstages sahen sie „Morgen ist es zu spät". Der italienische Film setzte sich einfühlsam mit den Schwierigkeiten Heranwachsender auseinander, ihren ersten Annäherungen an das andere Geschlecht und dem Unverständnis der Umgebung für ihre Probleme.

Er löste nicht nur eine tiefe emotionale Erschütterung in den Mädchen aus, sondern bewog Edith zu einer Entscheidung, die weit über die Kinderjahre hinausreichte.

Die jugendlichen Helden, Franco und Mirella, stießen mit ihrer scheuen Liebe zueinander an die rigiden Konventionen der Erwachsenen. Erst der Suizidversuch des Mädchens ließ die Eltern und Erzieher über ihr Verhalten nachdenken.

Edith identifizierte sich mit Mirella. Tatsächlich bestanden in Aussehen und Charakter viele Ähnlichkeiten. Und wie der Franco im Film sollte ihr Freund einmal sein: hübsch, sanft und verständnisvoll. „Wenn'ch emah Kinner ha, wer'ch se so heeße". (Wenn ich einmal Kinder habe, werde ich sie so nennen). Das war Ediths fester Entschluss.


## Abschiede

Die Nachkriegsjugend wuchs schnell und frühreif heran. Es brauchte nicht den Laternenblick vom Kirchberg aus, um zu sehen, dass sich im Leben der
Kinder Änderungen vollzogen. Wer wollte, konnte es sogar auf dem Schulhof beobachten.

Hatten vorher noch gemeinsame Pausenspiele dominiert, standen in der siebenten und achten Klasse gemischte Grüppchen beieinander oder Pärchen suchten sich stille Ecken. Innerhalb eines Jahres waren die Kreisspiele in Liebesspiele übergegangen.

Auch die enge Mädchenfreundschaft wandelte sich, als die magere Edith von einem Herbst zum nächsten Frühjahr weibliche Formen entwickelte und damit das Bedürfnis, sich fraulich herauszuputzen. Sehr bald erregte sie die Aufmerksamkeit einiger Jungen.

Zu Beginn der achten Klasse begann Heli, die sonst immer die Nase vorn hatte, mit ihrem eigenen verspäteten Reifungsprozess zu hadern. Alle anderen „waren schon so weit", nur bei ihr wollte und wollte sich nichts tun. Wie gern hätte sie die Blicke des Nachbarjungen Jürgen auf sich gezogen! Aber an ihrem kindlichen Körper war nichts, woran ein Blick hätte hängen bleiben können.

Langsam, zunächst fast unmerklich, drifteten die Wege der Freundinnen auseinander. Wie viele andere Mitschüler auch hatte Edith nach der siebenten Klasse das Klassenziel nicht erreicht. Der Unterricht in der achten Klasse wurde meist gesondert von der siebenten erteilt. Anderer Stundenplan, andere Hausaufgaben und andere Interessen – es blieb immer weniger Zeit für immer weniger Gemeinsames. Mit Helis Wechsel zur Oberschule würden sie sich bald endgültig trennen.

*Du weißt es, „Laterne", wir blieben einander trotzdem vertraut. Schneewittchen flüsterte es mir zu, als sie sich verliebt und für ihren ersten Freund die langen Haare gelöst hatte. Mit siebzehn Jahren fand sie den Partner, der ihrem Ideal nahe kam.*

*Als ich sie im Sommer 1957 wieder sah, war sie schwanger. Zu ihrer Hochzeit wünschte ich ihr, dass sie so glücklich werden möge, wie wir es uns als Kinder erträumten. Als sie Mutter wurde, machte sie ihren Vorsatz wahr und nannte ihren Sohn Franco.*

*Damals ahnten wir beide nicht, dass es in unserem Leben nur wenige weitere Begegnungen geben würde. Mehr als drei Jahrzehnte hatten wir uns aus den Augen verloren, als Ediths*

Sohn meine Adresse im Internet ausfindig machte. Für ein Klassentreffen.

Wir erkannten uns beim ersten Anruf wieder. Die Jahre hatten dem vertrauten Klang der Stimmen nichts anhaben können. Kurz vor dem erhofften Wiedersehen im Kreise der Schulfreunde musste sie sich einer erneuten Chemotherapie unterziehen. Im Krankenhaus fand ich mein „Schneewittchen" bleicher denn je und ohne ihr prächtiges schwarzes Haar vor. Ihr Wollmützchen hatte das gleiche dunkle Braun wie ihre Augen.

Sie erhoffte sich viel von mir. Hilfe als Arzt und als Mensch. „Meine Frau Doktor" nannte sie mich stolz und respektvoll zugleich. So viel Vertrauen. Und nur wenig konnte ich tatsächlich für sie tun. Dankbar nahm sie das Wenige an.

Doch kommen noch nach vielen Jahren in den bewussten blauen Stunden der Erinnerung Schuldgefühle in mir auf und ich frage mich „Habe ich damals alles, wirklich alles Mögliche versucht?"

Im Gegensatz zu mir ist Edith dir immer nahe und verbunden geblieben, du „Laterne" unserer Kindheit. Obwohl ihr Lebensschwerpunkt sich für Jahrzehnte nach Erfurt verlagert hatte, fühlte sie sich doch als Nurzener Kind. Dort waren ihre Wurzeln und dort zog es sie immer wieder hin, wenn sie Trost brauchte.

Nun ruht sie in deinem Schatten. Behüte sie gut.


**„Möglich, dass Kindheitserinnerungen am meisten bedeute(te)n, …Die Gefühle von Kindern füreinander. Eine Kraft wie keine andere."**

*(Alice Munroe „Kinderspiel")*

# IV.
## Allerlei Ungewohntes

Ellen Fritsch

# Mein Licht

Endlich habe ich mein Licht gefunden und das dazu gehörende Gesicht. Dazu muss ich ganz weit in meine Erinnerungen eintauchen, die für mich heute sogar noch sehr schmerzhaft sind.

Wir haben das Jahr neunzehnhundertfünfundvierzig, zu dieser Zeit bin ich ein hellblondes, blauäugiges Mädchen von zwölf/dreizehn Jahren. Die Flucht haben wir, unsere Mutter und meinen beiden jüngeren Geschwister, nach drei Wochen auf den eisglatten Straßen mit großen Entbehrungen überlebt. Nun lebten wir in dem kleinen Dorf Medewitz im Hohen Fläming. Es ist Anfang Februar, der sehr strenge Winter verlangt von uns allen viel Kraft. Wenn die Sirenen heulen, schauen wir manchmal Richtung Dessau und können die Weihnachtsbäume, die über der Stadt stehen, sehen. Wir wissen, dass diese die Markierungen für die Bomber sind, wo sie ihre Lasten abladen werden. Ich denke dann mit Schrecken und Ängsten immer an die Bombennächte in Berlin und sehe die zerbombten Städte, die wir auf unserer Flucht durchwanderten. Wir trafen dabei auf endlose Trecks von Handwagen und Kinderwagen, die mit Menschen, Hab und Gut voll beladen, frierend durch die Landschaft ziehen. Sie sind genau wie wir heimatlos. In solchen Nächten, in denen ich vor Kälte nicht in den Schlaf komme, muss ich immer wieder an die verwundeten Soldaten im Lazarett in der Christburger Straße denken. Ich sah junge Männer ohne Beine, verbundene Köpfe, und manchmal war ein Auge verbunden, aber oft waren es beide. Ein furchtbares Grauen ergriff mich jedes Mal. Große Bangigkeit bestimmte unser Leben, wann wird der Krieg enden? Hoffentlich recht bald. Deutschland wird von Tag zu Tag kleiner. Überall lauert der Tod. Ich will doch leben. Unser Hunger ist unermesslich. Ich hatte in drei Monaten schon zehn Pfund (fünf Kilo) abgenommen. Ob jetzt die Zeit kommt, wo wir alle verhungern werden? Wir hatten für ein paar Stunden in unserem Stübchen gut eingeheizt und dabei auf dem Ofen zwanzig ganz kleine Pellkartoffeln gekocht. Sie hatten die Größe wie heutzutage die Kartoffeln, die man mit Schale isst. Jeder bekam fünf Stück, es wurde sehr, sehr langsam gegessen, damit wir recht lange unsere Kartoffeln mit Salz genießen konnten. Unsere fünf Jahre alte Schwester hatte ihr Teil als Erste aufgegessen und begann zu weinen, weil sie noch so hungrig war. Nun gab ihr unsere Mutter eine von den ihren ab. Meine um zwei Jahre jüngere Schwester schaute ganz traurig. Daraufhin reichte ich ihr meine vorletzte Kartoffel. Meine Gedanken dazu „ob ich vier oder fünf von den kleinen Dingern esse, macht mich nicht satter aber Inge glücklich". Wir und das kleine Häuschen überlebten einen Tieffliegerangriff auf einen Munitionszug, wo unweit seine Fracht explodierte. Polen und Tschechen, die mit uns im Keller saßen, nahmen uns Kinder in ihre Arme, damit wurde unsere Angst etwas kleiner. Eines Tages musste ich ins Nachbardorf zum Brotkauf. Als ich auf dem Heimweg war, kam plötzlich am schönen blauen Himmel ein Flugzeug auf mich zugeflogen. Es war ein Tommy (Engländer), ich sah sogar den Piloten. Er jagte mich mit seinem Maschinengewehr über das Feld.

Ich rannte und rannte, es ratterte und ratterte, es hörte nicht auf, auch wenn ich im Zick zack lief. Als ich endlich das Gestrüpp erreichte drehte er ab. Eines Tages hieß es, die Wehrmacht wird hier in Stellung gehen. Es fuhr ein Jeep an die Schranke mit vier oder fünf ganz jungen Soldaten, die Panzerfäuste sich zuwerfend abluden. Wir waren Gott sei Dank im Stübchen angekommen, als mächtige Explosionen losgingen und wieder mal die Scheiben zersplitterten. Sie schrien, ich sah wie sich einer den Bauch hielt. Einer hatte keine Beine mehr, ein Anderer hielt sich den Kopf und alle schrien „Mama, Mama und wieder Mama", bis sie langsam verstummten und sich keiner mehr bewegte. Es verbreitete sich die Nachricht, „der Ortsbauernführer" ist getürmt. Von dem Zeitpunkt an hing das ganze Dorf weiße Tücher an die Fenster zum Zeichen, dass sich das Dorf ohne Kriegshandlungen ergibt.

Diese Zeit war so schwer, und man wusste nicht, wann sie zu Ende geht. Über die Angst, das Grauen, die bösen Träume konnte man mit Niemandem sprechen. Wir lebten so, als wäre überall heile Welt. Die Erwachsenen hatten vielleicht noch größere Angst als wir Kinder. Wegen der Kriegsgeschehnisse konnten wir auch nicht draußen spielen. Tagelang hockten wir in dem kleinen Dachstübchen, Schule war auch nicht. Ich langweilte mich schrecklich, darum schaute ich stundenlang aus dem Fenster. Als ich gegen Ende April plötzlich zwei Soldaten auf den Schienen erblickte. Ich rief Mutti herbei um von ihr zu erfragen,ob das vielleicht Soldaten sind. Sie bestätigte es. Die haben aber eine ganz andere Uniform. Sicherlich sind das Russen. Sie hatten uns erblickt und kamen auf das Haus zu. Der Jüngere hatte einen langen Spieß in seiner Hand und fuchtelte damit durch die

Gegend. Jetzt kamen Soldatenstiefel die Treppe rauf. Ich hatte schon die Tür abgeschlossen. Ich war ganz zittrig, panische Angst überkam mich, ob wir Kinder jetzt aufgespießt werden? Es klopfte an der Tür. Mutti nahm meine beiden Schwestern in die Arme und ich sollte die Tür öffnen. Ein Soldat sprach zu uns: „Können wir reinkommen?" Ich öffnete die Tür, beide Soldaten nahmen ihre Mützen ab, ganz so wie sehr höfliche Männer es zu machen pflegen. Mutti und ich blickten uns staunend am. Gleichzeitig sahen wir Kinder auf den Spieß, den der jüngere Soldat in seiner Hand hielt. Er stellte den Spieß beiseite und erklärte uns: „Es ist ein Gewehrreiniger der auf den Schienen lag." Er zeigte auf seine Brunst und sagte: „Ich bin Rawid aus dem Kaukasus und sechsundzwanzig Jahre alt". Er stellte uns noch seinen Offizier vor und dann wollte er unsere Namen und Alter wissen. Meine Gedanken kreisen um das Sowjetparadies, die Ausstellung vor ein paar Jahren im Lustgarten. Das sind ja keine Untermenschen wie man damals behauptete. Er fragte, ob wir wissen wo deutsche Soldaten im Dorf sind und wo unser Vater ist. Papa ist in Norwegen Soldat und ob er noch lebt, wissen wir nicht. Truppen sind nicht im Ort, erzählte Mutti. Sie wurde von Rawid gebeten, den Raum in dem die Ostarbeiter gelebt hatten, zu säubern, damit er Lebensmittel darin lagern kann. Und in diesem Moment ging bei mir die Sonne auf. Ich fasste Vertrauen, ein echtes Wunder ist geschehen. Eigentlich ist Rawid Soldat der Feindarmee, ob uns die Soldaten unserer Armee auch so freundlich begrüßt hätten, wenn sie zurück gekommen wären und die weißen Tücher an den Fenstern vorgefunden hätten. Man musste in dieser Situation mit dem Tod rechnen. Rawid kam eines Morgens zu uns und erklärte uns: „Gitler kaputt" und freute sich. Ich auch, nun kann uns allen nichts mehr passieren. Rawid ebenfalls nicht. Nun wird der Krieg sicher bald zu Ende sein. Und einige wenige Tage später brachte er uns die freudige Mitteilung: „Weuna…". Jetzt fühlte ich mich durch ihn regelrecht beschützt. Er hat mir meine riesig große Angst genommen. Er brachte uns Essen, wie Brot, Fleisch, allerhand verschiedene Konserven, Schokolade und andere Süßigkeiten. Er spielte mit uns, hat mir die Angst um mein Leben genommen. Lachen konnten wir mit ihm. Die Hoffnung auf ein friedliches Leben beginnt zu wachsen.

Rawid brachte Licht in meine dunkle Angsteinsamkeit. Er war mein Garant und Symbol für die unendliche Helligkeit meines friedlichen aufwärtsstrebenden Lebens.

Anmerkung: Ein paar Jahre später zeigte man uns den dreiteiligen Film „Der stille Don", hier sah der Schauspieler, der den Grischa verkörperte, dem Rawid sehr ähnlich. Rawid war ein schöner Mann mit strahlend blauen Augen und kohlpechrabenscharzem Haar.

Ellen Fritsch

# Unser bestes Kinderbuch

Ich war sechs Jahre alt, als ich mein erstes Buch „Max und Moritz" geschenkt bekam. Wir, meine Schwester und ich, hatten noch den „Struwel Peter" und als wir lesen konnten, bekamen wir zu Weihnachten das „Andersen Märchenbuch" und „Bechsteins Märchen". Das war alles, was es an Büchern bei uns zu Hause gab. In unserer Familie fehlte das nötige Geld dazu. Natürlich hatten wir unsere Schulbücher.

Das beste Märchenbuch, das wir damals hatten, war unsere Mutti. Sie erzählte uns Grimms Märchen immer wieder. Ich weiß nicht, wie oft sie uns von der „Goldmarie", der „Frau Holle", „Brüderchen und Schwesterchen" oder „Schneeweißchen und Rosenrot" erzählen musste. Wir wollten diese Märchen immer wieder hören. Ich glaube, ich habe mir diese Märchen so stark verinnerlicht, dass sie für mich in schwierigen Lebenslagen Lebenshilfe wurden. Immer, wenn es für mich schwierig wurde, mit dem Leben damals in der Kriegs- und Nachkriegszeit zurechtzukommen, erschien vor meinem geistigen Auge die passende Märchenfigur. Ich konnte mit jeder Schwierigkeit wie Hunger, frieren, Dunkelheit und „ohne Fleiß kein Preis", viel leichter fertig werden.

Kindern, denen man diese Märchen erzählt, sind nicht so dumm, dass sie glauben, ein Wolf (in der Größe eines Schäferhundes) kann am Stück ein Kind und einen Erwachsenen fressen.

Was ich damals aus all diesen Märchen in mein Leben aufgenommen hat, ist das positive Denken, denn jedes Märchen hat ein gutes Ende. Man muss nur etwas Geduld haben und warten können, es kehrt sich im Märchen wie im Leben, wenn man will, alles zum Guten.

Dietrich Wilhelm Grobe

# Gehörtes und Unerhörtes

Seit Beginn des Krieges 1939 besaßen Großmutter, Mutter und ich – wir wohnten zusammen – einen „Volksempfänger": er konnte für 76 RM erworben werden, stand in fast jedem Haushalt und diente als Propagandainstrument. Wir schalteten bei Reden und Durchhalteparolen der „führenden" Vertreter des Regimes ab. Spätabends oder nachts gelang es, selbst mit diesem einfachen Gerät sogenannte „Feindsender" einzufangen, etwa BBC mit dem kennzeichnenden Eingangssignal. So waren wir einigermaßen objektiv über die wirkliche Weltlage informiert, hörten dann auch über Radio Moskau die Warnungen des ehemaligen Generalfeldmarschalls Friedrich Paulus nach der Wende bei Stalingrad am 2.2.1943, die Ansprachen von Thomas Mann aus den USA u. v. m. Ein Familienmitglied stand dann am straßenseitigen Fenster und passte auf, ob nicht ein Kontrollfahrzeug (kenntlich an Dachantenne) langsam vorbeifuhr: das Abhören von „Feindsendern" wurde streng bestraft, gegen Ende der NS – Zeit mit dem Tod. Klassische Musik hörten wir gern, weniger das für die „Wehrmacht" ausgestrahlte „Wunschkonzert", das jeden Sonntag von 16.00 bis 20.00 Uhr aus dem Großen Sendesaal des Berliner Rundfunkhauses übertragen wurde, moderiert von Heinz Goedeke. Das Motto lautete: „Die Front reicht ihrer Heimat jetzt die Hände, die Heimat aber reicht der Front die Hand". Neben Schlagern aus Musikfilmen („Das kann

doch einen Seemann nicht erschüttern..." ) und dem senti-
mentalen „Heimat, deine Sterne..." wurden Grüße und
Wünsche übermittelt. – Nach dem Krieg besaß ich einen
„Detektor", bei dem eine Metallspitze ein Kristallplättchen
berührte. Er benötigte keine Betriebsspannungswellen, war
nur mit Kopfhörer zu benutzen und bescherte mir anre-
gende Diskussionsrunden philosophischer oder literarischer
Art zu später Stunde.

Dietrich Wilhelm Grobe

# Was blieb?

Was blieb uns aus der Kinderzeit?
Ein kleiner Schuh, ein Häkelkleid,
im Kästchen noch der erste Zahn,
ein Schienenstück der Eisenbahn.

Vielleicht die Puppe, die man liebte,
das Entchen, das so lustig piepte,
ein Gruppenbild vom Kindergarten,
vom Zoobesuch zwei Eintrittskarten.

Die Fibel solt'ich noch erwähnen,
erkennbar dunk'le Kindertränen
bei „i" und „u", die Kummer machten,
weil and're Kinder uns verlachten.

Die Murmel, jetzt mit mattem Glanz,
das Holzpferd ohne Büschelschwanz,
die Muschel aus dem großen Meer –
wie rauschte sie doch einst so sehr!

Ein Briefchen ans das Elternpaar
in einer Schrift, ganz wunderbar;
man teilte mit, es gehe gut
und sei vor Bösem auf der Hut.

Ein Foto voller Kinderlachen –
ach ja, noch viele and're Sachen,
die man im Lauf der Zeit bekommen –
der Zeitlauf hat sie oft genommen.

Auch, wenn wir nichts in Händen halten,
geprägt von tiefen Altersfalten,
die Leid und Mühsal eingeschrieben:
Erinn'rung ist uns doch geblieben.

Erika Zacher

# Lesen lernen vor dem Feuerloch

Kein Tag verging ohne Fliegeralarm. Müttern mit kleinen Kindern wurde geraten, Berlin zu verlassen. Meine Mutter zögerte. Sollte sie meinen Vater und meine 17jährige Schwester, die im Arbeitsdienst war, allein in Berlin zurück lassen? Mein Vater redete ihr zu und so verließ meine Mutter mit mir, meinem Bruder, der 13 Jahre alt war und meiner Großmutter 1943 das zum Teil schon zerstörte Berlin, um mit uns zu Tante Ida nach Hinter-Pommern zu evakuieren. 1944 kam meine ältere verheiratete Schwester nach, weil im April ihr erstes Kind geboren wurde.

Meitzow, so hieß das Dorf in Hinterpommern, lag 10 km von der nächsten Bahnstation entfernt. Es gab hier keinen Kaufmann, keine Kirche, aber eine sogenannte Ein-Klassenschule, eine Schule also mit 8 Bänken, von denen jede eine Klasse darstellte. In diese Schule wurde ich Ostern 1944 eingeschult. Mein Vater hatte mir zur Einschulung eine Schulmappe aus Berlin gebracht. Das Einschulungsbild zeigt eine stolze 5-Jährige mit Mappe auf dem Rücken.

Lange sollte die Freude des Schulbesuches jedoch nicht dauern, denn schon im Herbst 1944 wurde die einzige Lehrerin der Schule zum Kriegshilfsdienst einberufen und ihr Vater, der längst in Pension und wohl auch schon etwas senil war, übernahm für kurze Zeit den Unterricht. Nach ein paar Wochen war für uns die Schule beendet, und wir ahnten nicht, dass es fast drei Jahre dauern würde, bis unsere Schulbildung wieder aufgenommen werden konnte.

Es sind Miniaturen, die aus dieser Zeit in Erinnerung blieben.

Die Großmutter, zu dieser Zeit bereits 87 Jahre alt, setzte sich mit mir abends vor das Feuerloch des Ofens und erklärte mir die Buchstaben. Ich erinnere mich nur an Stromsperre, was sicher nicht stimmt, doch habe ich das Ofenlochbild, vor dem Großmutter und ich buchstabierend saßen, am stärksten in Erinnerung. Kühn holte ich mir vom Boden des Schulhauses dicke Bücher, obwohl noch des Alphabetes fast unkundig, und nervte die Erwachsenen mit der Frage „Und was ist das für ein Buchstabe? Wie heißt das Wort?" Man sollte es nicht glauben, doch auf diese Art lernte ich fließend lesen, doch schreiben konnte ich nicht, so dachte ich mir allein aus, wie die Buchstaben aussehen könnten, wenn sie von mir geschrieben wurden. So sieht allerdings meine Handschrift noch heute aus.

Eines Tages stand vor unserem Fenster ein Soldat. Er hielt seine Flinte auf uns und rief: „Puh, Russki!" Also nun waren die Russen da. Die Erwachsenen gerieten in Panik, was ich überhaupt nicht verstand, doch es übertrug sich auf uns Kinder.

Am ersten Tag nahmen sie nur meine Schulmappe mit, in der zwei Dauerwürste von meiner Mutter versteckt worden waren, dafür hängten sie an den gleichen Haken eine Brottasche, in der wir ein Stück Seife fanden. Wir hätten natürlich auch lieber die Wurst behalten, doch Seife war ja auch nicht schlecht. So ließ meine Mutter schnell die Tasche verschwinden, bevor ein neuer Tausch mit einer womöglich leeren Tasche oder mit Nichts vorgenommen werden konnte.

Der nächste Abend war weniger harmlos. Die Erwachsenen hatten sich alle mit uns Kindern in einem Zimmer versammelt. Die Russen hatten getrunken. Hin und wieder kam einer durch das Durchgangszimmer, sah sich drohend um und verschwand wieder. Meine älteste Schwester hatte meinen Neffen, der 10 Monate alt war, im Arm und saß auf dem Bett, in dem ich lag. Plötzlich wurde die Tür auf gerissen und einer der Offiziere blieb angetrunken vor meiner Schwester stehen: „Frau komm mit!" Sie machte keine Anstalten, kniff meinen Neffen, der schrie wie am Spieß, ich schrie vorsichtshalber mit, es konnte ja nicht so falsch sein, wenn sie ihn dauernd kneift, damit er schreit, dachte ich. Der Offizier holte ein Gewehr und legte auf meine Schwester an, darauf schrien alle im Zimmer, meine Großmutter war die einzige, die still und blass in ihrem Bett lag, zitternd und bis zum Hals zugedeckt. Er zog sich zunächst zurück, trank weiter und kam wieder, um nun meine Schwester gütlich zu überreden. Sie weinte und hielt den Jungen hoch, um deutlich zu machen, das Kind braucht sie. Er ging und später erfuhren wir, dass er im Dorf jemand mit Gewalt aus dem Bett gezerrt hatte. Wir hatten Glück. Die Russen rückten ab und ließen nur eine Wache zurück. Doch immer, wenn in den nächsten Monaten eine Kutsche mit Russen auftauchte, verschwanden die jungen Frauen im Wald. Nicht nur meine Schwester hat sich in diesen Nächten in den Wäldern schlimmes Rheuma zugezogen.

Wir Kinder spielten bald: „Die Russen kommen!" Und wenn sie wieder das Dorf verließen, rannten wir in die Wälder, um die Frauen zu holen. Für die war es kein Spiel.

Von meinem Vater, meiner Schwester und dem Mann meiner ältesten Schwester hörten wir seit Februar 1945 nichts mehr, erst Anfang 1947 kam ein Brief von meinem Vater. „Sie leben! Sie leben!" rief meine Schwester und rannte mit dem Brief im Haus herum, meine Mutter hinter her, denn eigentlich war der Brief doch an sie gerichtet. Das in dem Brief auch stand, dass wir noch im März 1945 ausgebombt worden waren, dass auch die Wohnung meiner Schwester, in der sie nach der Hochzeit gerade ein Jahr gewohnt hatten, zerstört worden war, interessierte zunächst niemand.

Im Mai 1947 kamen wir wieder nach Berlin zurück, wohnten dann 11 Jahre zur Untermiete in einem Berliner Hinterzimmer mit vier Personen und waren glücklich, überlebt zu haben. Bei allem, was passierte, sagte mein Vater immer: „Ein neuer Krieg wäre schlimmer."

Meine Mutter meinte: „Wenn man ein Dach über dem Kopf hat, sich warm anziehen kann und sich satt essen darf, dann hat man alles was man braucht und was darüber ist, das ist schon Luxus."

Oft denke ich an die Eltern und habe manchmal ein schlechtes Gewissen bei all dem „Luxus", der mich umgibt und ich bin ihnen dankbar, dass sie mir viel von ihrer Lebensklugheit mit auf den Weg gegeben haben. Nie hat meine Mutter geklagt und immer hat sie zuerst an uns gedacht und ihr Leben eigentlich der Familie geopfert, bis zum Schluss. Als sie den von ihr definierten kleinen „Luxus" hatte, war ihr Leben zu ende. Wir denken viel an sie und sind überzeugt, dass sie auf Wolke sieben sitzt und sich mit uns freut, dass es uns gut geht und manchmal kommt Wehmut auf, dass es sie schon so lange nicht mehr gibt.

Erika Zacher

# Die Verteidigung der Schulbank

„Also ich gehe da nicht mehr hin!" verkündete ich eines Abends meinen verwunderten Eltern, die ziemlich spät von der Arbeit gekommen waren, wie immer in diesen Jahren der Nachkriegszeit.

Da wir ein Zimmer zur Untermiete mit vier Personen bevölkerten, sah sich mein Vater zunächst ratlos nach einem freien Stuhl um. Er muss auch einen gefunden haben, denn ich habe sein Gesicht in der Nähe des meinen in Erinnerung und höre ihn ziemlich verwundert fragen: „Wo gehst du nicht mehr hin?" „Na in diese Schule", antwortete ich mit Überzeugung. Ich war auch fest entschlossen, die Schule nicht mehr zu betreten.

Ostern 1944 war ich hoffnungsvoll eingeschult worden, in einem kleinen Dorf in Pommern, wohin meine Mutter mit einem Teil der Familie vor den Bomben in Berlin geflohen war. Die Zahl der Häuser des Dorfes war überschaubar, es gab keine Kirche, keinen Kaufmann, und die nächste Bahnstation war 10 km entfernt. Dementsprechend war die Schule. In einem Raum gab es acht lange Bänke mit Tischen davor. Mit mir wurden ein Mädchen und ein Junge eingeschult, wir drei stellten die erste Klasse des Jahrgangs dar. Hinter uns saß die zweite Klasse, die immerhin aus vier Schülern bestand. An die Schülerzahl der anderen Klassen erinnere ich mich nicht, nur an die achte Klassenbank oder Bankklasse, da saßen fünf Schüler, und wenn wir auf der Schiefertafel unsere ersten Buchstaben in Schönschrift malen mussten, lernte man in der „Achten" Gedichte, was natürlich wesentlich interessanter war, als unsere Tätigkeit.

Im Herbst des Jahres war es vorbei mit der Bildungsmöglichkeit, denn unsere einzige Lehrerin der Schule, die in allen Klassen alle Fächer unterrichtete, musste zum Kriegshilfsdienst. Wir hatten also frei, d.h. bis Anfang 1945, dann kam die Sowjetarmee und wir Schüler wurden dann für alle möglichen Arbeiten herangezogen, wie Holz sammeln, Kühe hüten und ähnliche Hilfsarbeiten.

Aber zurück nach Berlin, Juni 1947. Die Zeit, als ich beschlossen hatte, meine Schulausbildung zu beenden, die bis zu diesem Zeitpunkt nicht mal das erste Schuljahr umfasste, meine Mutter hatte mich aber kühn in der zweiten Klasse angemeldet und das vier Wochen vor den Sommerferien. Eigentlich hätte es schon die dritte Klasse sein müssen, doch das hatte sie sich mit meiner „Vorbildung" doch nicht gewagt. Ich saß also in einer zweiten Klasse einer Grundschule im Berliner Bezirk Friedrichshain, mit Schülerinnen, von denen die ältesten 16 Jahre alt waren und nur in die Schule kamen, wenn sie jemand hinbrachte, diese wieder verließen, wenn sie glaubten, der Unterricht über- oder unterfordere sie. Vor einigen Fenstern war noch immer Pappe, geschrieben wurde auf Zeitungsrändern, alten vergilbten Papierbögen und manche hatten auch schon Hefte.

Am eindrucksvollsten habe ich den Matheunterricht in Erinnerung. Der Lehrer rief: „Aufpassen!" Dann sagte er:

„30!" und die Klasse schrie begeistert: „6!" Ich staunte, woher sie das wussten und hielt das Einmaleins mit der 5 für eine Geheimsprache. Meiner Verwunderung verlieh ich Ausdruck mit einer Sprechweise, die ich für Hochdeutsch hielt, doch es war ein Plattdeutsch gefärbtes Berlinern, das meine Mitschüler veranlasste, sich vor Lachen zu biegen. Naturgemäß glaubten sie, ich sei blöd, was ich ihnen aus heutiger Sicht nicht übelnehmen kann, doch wenn man 9 Jahre alt ist, die Vorbildung einer Dorfschule und vier Jahre Dorfleben hinter sich hat, ist die Situation schon sehr deprimierend. Und das Schlimmste war, ich hatte nicht mal eine eigene Schulbank Ich musste einen Platz mit einer Mitschülerin teilen und das wechselnd, weil die anderen Mädchen, wir waren nur Mädchen, mich auch mal von der Bank schubsen wollten. Diesen Eindruck musste ich jedenfalls gewinnen, denn wenn der Lehrer fragte, wer denn seinen Platz mit mir teilen würde, gab es immer mehrere Angebote, doch nach kurzem schubsten auch diese Mädchen mich von der Bank, so dass ich mitten im Unterricht auf der Erde saß und mich vor meinem Lehrer, der mich vorwurfsvoll ansah, furchtbar schämte. Ihm zu sagen, dass es nicht meine Schuld war, wäre mir nicht eingefallen, denn dass man, egal was passiert, auf keinen Fall petzen darf, hatte ich bei meinem acht Jahre älteren Bruder gelernt, der den „Erfolg" seiner „Erziehung" weidlich ausnutzte, wissend, dass meine Eltern von mir nichts erfuhren.

Sollten all diese täglichen Erlebnisse in der Schule nicht ausreichen, meinen Eltern die obige Mitteilung zu machen, die ich dann auch mit den genannten Fakten belegte? Meine Mutter weinte sofort voller Mitleid mit mir, was nicht

110

hilfreich war, denn nun tat ich mir selber auch leid und fing an, mich an dem Weinen meiner Mutter zu beteiligen. Mein Vater, der vier Jahre ohne Familie die Schwierigkeiten der Kriegs- und Nachkriegszeit in Berlin wohl für ausreichend gehalten hatte, wurde leicht nervös, dann schrie er mich an, ich solle sofort mit dem Geheul aufhören, was auch funktionierte, denn dass mein Vater laut werden konnte, wusste ich vorher gar nicht und war sehr beeindruck. Meine Mutter verließ empört und weiter heulend das Zimmer. Worauf sich mein Vater beruhigte, mich auf den Schoß nahm und mir von Schulschwierigkeiten aus seinem Leben erzählte und wie er sich immer mutig gewehrt hatte. „Schubs sie doch auch, oder wehre dich anders, du wirst sehen, sie lassen dich dann in Ruhe."

Als ich am nächsten Tag wieder mitten im Unterricht plötzlich auf der Erde saß, stand ich empört auf und stürzte mich auf meine Banknachbarin, um ihr erst links dann rechts eine Ohrfeige zu verpassen, diese stürzte sich ihrerseits gleich begeistert auf mich und schlug auf mich ein, womöglich hatte auch ihr Vater gesagt, sie solle sich nichts gefallen lassen. Unser armer Lehrer war entsetzt. An den Ohren zog er uns auseinander und teilte mit einem Tadel unser rüdes Verhalten den Eltern mit. Als ich den Tadel mit Begründung am Abend kleinlaut meinem Vater vorlegte, schmunzelte er und klopfte mir anerkennend auf die Schulter. Meine Mutter hatte gleich nach dem Lesen des Tadels das Zimmer verlassen und saß tränenüberströmt in der Küche, wo ich sie mit dem Versprechen trösten musste, mich nicht mehr zu prügeln, schließlich sei ich ein Mädchen und meine großen Schwestern hätten sich nie geprügelt.

Ich hatte aus dieser Geschichte etwas fürs Leben gelernt. Anerkennung und Achtung findest du oft erst bei den Mitmenschen, wenn du dich wehrst, wenn du zurück bellst oder auch zurück schlägst, in welcher Form auch immer. Der alte Bibelspruch, nachdem man seinem Feind auch die zweite Wange zum Draufschlagen hinhalten solle, hatte sich für mich erledigt.

Die paar Wochen bis zu den großen Ferien mussten sich andere Mädchen die Schulbank teilen, ich bekam einen Platz für mich allein. Ich glaube, der Lehrer hatte von dieser Szene sich prügelnder Mädchen genug. Im neuen Schuljahr hatten wir dann alle eine eigene Schulbank, denn einige der älteren Mädchen waren nicht mehr erschienen.

Das Versprechen, mich nicht mehr zu prügeln, das ich meiner Mutter gegeben hatte, konnte ich aber dennoch nicht halten, denn Grund, mich und andere verteidigen zu müssen, wie ich glaubte, gab es in den nächsten Schuljahren noch hinreichend, doch weder die Lehrer noch meine Eltern erfuhren davon. Hatte ich ein blaues Auge, fanden mich meine Eltern abends schon im Bett vor, mit dem Gesicht zur Wand und sehr müde.

Erika Zacher

# Was mache ich
# aus meinen Erbanlagen?

„Was an mir klug sein möchte, hat mir mein Vater vererbt;
was an mir gut ist, hab ich der Mutter zu danken."

*(Georg Gottfried Gervinus)*

Erschrocken sah ich auf das rebellische Enkelkind einer
Bekannten, das sich auf die Erde warf und laut brüllte, um
seinen Willen durchzusetzen. Entschuldigend sah sie mich
mit hilfloser Geste an: „Da kann man nichts machen, der
kommt nach seinem Vater". Der „Vater" war ihr Schwieger-
sohn. Hätte sie wohl die gleiche Bemerkung gemacht, wenn
es sich um ihren Sohn gehandelt hätte? Dachte ich, behielt
es aber für mich. Wie war das wohl mit den Genen? Was
steckte alles in uns? Was haben wir von unseren Eltern mitbekommen, nicht nur an Erziehung, sondern an Erbgut.

„Der Junge sieht aus, wie sein Großvater als Kind,"
meinte eine ältere Freundin und zeigte mir Kinderbilder
ihres Mannes. Ich sah mir die Bilder an und fand, dass sie
Recht hatte. Was haben wir also von unseren Großeltern
und anderen Ahnen mit auf den Weg bekommen? Wer
weiß das schon, aber wäre es nicht interessant, es zu wissen?

Etwas wehmütig denke ich an die Eltern und daran, dass man Gespräche über Erbanlagen versäumt hat. Von meinen drei Geschwistern ähnelt rein äußerlich nur meine Schwester meinem Vater, wir anderen sehen meiner Mutter ähnlich, dennoch erinnert mich mein Bruder in seiner Art immer sehr an meinen Vater. Er strahlt stets Ruhe aus, ist gutmütig und hat Humor. Ich denke, dass ich von meinem Vater den Hang zu Übertreibungen, Humor und die Freude an Geselligkeit geerbt habe und einen Rest von Jähzorn, der vom Vater meines Vaters kommt. Er tritt abgeschwächt in unserer Familie auf, aber er ist erkennbar. Mein Großvater soll einen großen Gerechtigkeitssinn besessen haben, war aber so jähzornig, dass er blind vor Wut zuschlagen konnte.

Sehe ich, wie verständnisvoll und liebevoll unser Sohn mit seinen Kindern umgeht, dann denke ich, dass besonders mein Bruder, vielleicht bedingt durch die Kriegsjahre und Belastungen, den Vater so nicht erlebt hat. Wäre sein Leben anders verlaufen? Nie hat er aber darüber geklagt und er konnte seinen Kindern dennoch ein liebevoller Vater sein.

Liebevoll war ja auch unser Vater, doch er konnte es nicht so zeigen, wie viele Männer dieser Generation. Sein Vater war sehr streng, starb aber sehr früh, so dass Vater früh auf sich allein gestellt war. Seine Mutter musste ihre Mutter noch mit „Sie" anreden, sie war uns eine gute Oma, war sie auch eine gute Mutter für ihre Söhne?

Mein Vater erzählte, dass sein Vater ihn einmal aus einem nichtigen Anlass mit dem Feuerhaken geschlagen habe und seine Mutter daraufhin drohte, den Mann zu verlassen. Ich hatte immer den Eindruck, wenn mein Vater diese Geschichte erzählte, dass er seine Mutter dafür bewunderte und dankbar war, obwohl sie bei dem Manne blieb bis zu seinem Tode.

Auch mein Vater hasste seinen Vater nicht, sondern achtete seinen Gerechtigkeitssinn und verzieh ihm seinen Jähzorn.

Klug war mein Vater und charmant, er war ein guter Erzähler aber die starke Person im Alltag war meine Mutter, auf die er sich voll und ganz verließ. Alle praktischen Dinge waren Sache meiner Mutter, es war für ihn sehr bequem, aus heutiger Sicht sehe ich etliche Schwächen, doch meine Mutter liebte ihn bis ins Alter und wir stellten ihn als Kinder nicht in Frage. Wenn meine Mutter sich über ihn ärgerte, waren wir auf seiner Seite, was mir für meine Mutter noch heute leid tut, denn sie hatte es schwer und sicher ärgerte sie sich manchmal mit recht über ihn. Als ich mit 19 einen solchen Streit erlebte, stand ich doch auf der Seite meiner Mutter und mischte mich ein mit einer frechen Bemerkung, worauf mir Vater mir eine Ohrfeige gab. Meine Mutter war empört und wollte ihre Sachen packen, ich weiß gar nicht, wo sie hin wollte. Ich tröstete sie mit den hoheitsvollen Worten: „Ich nehme ihm das nicht übel, er weiß nicht was er tut." Mein Vater war damals 63 Jahre und ich wundere mich heute, dass er mir nicht gleich noch eine hinter die Ohren gegeben hat.

Vaters Erlebnisse aus dem ersten Weltkrieg habe ich mir geduldig angehört und ich könnte sie noch heute alle nacherzählen, so oft kramte er sie hervor. Er war ein Held in diesen Erzählungen, aber nicht als Soldat, sondern beim Ärgern der Vorgesetzten. Auch seine Schulstreiche erzählte er gern. Meine Mutter schüttelte dazu nur den Kopf, als wollte sie sagen: „Was habe ich da bloß geheiratet?"

Wie gut hatten wir es im Vergleich zu unseren Eltern. Die Kriege haben ihren Lebensweg in einem Maße beeinflusst, dass wir es gar nicht nachvollziehen können.

Ihr Verhalten uns gegenüber war von Liebe und Verantwortung geprägt, auch wenn wir das als Kinder oft nicht begriffen haben. Es ist eigenartig, dass man mehr an die eigenen Eltern denkt, wenn man Enkelkinder hat und die eigenen Kinder als Väter und Mütter beobachtet. Wenn man dann bei seinen Beobachtungen entdeckt, dass sie das eine oder das andere so machen, wie sie es zu Hause gesehen haben und man entdeckt, das es Dinge sind, die man selbst von den eigenen Eltern übernommen hat – welche stille Freude empfindet man zu solchen Zeiten. Man hüte sich aber, es laut zu äußern, man sollte damit warten, bis Urenkel da sind, falls man das noch erlebt.

Ich denke, dass Väter für Kinder so wichtig sind, wie die Mütter, auch wenn das oft von Frauen geleugnet wird. Als Lehrer habe ich Jugendliche von 18 Jahren weinen sehen, weil sich Eltern scheiden ließen und ihnen bewusst wurde, dass sie beide liebten und nicht wussten, wem sie sich gefühlsmäßig zuwenden sollten.

Im vergangenen Jahr hatten mein Bruder und seine Frau Goldene Hochzeit. Die erwachsene Tochter, mit Mann und Kindern in England lebend, schieb in ihrem Glückwunsch: „Ich danke Euch dafür, dass ihr immer zusammen gehalten habt, und wir nie ein getrenntes Elternhaus erleben mussten. Genießt die Zeit, die Ihr noch gemeinsam verbringen könnt."

Diese Zeilen haben uns alle sehr gerührt und das goldene Paar natürlich ganz besonders. Es ist schön, wenn erwachsene Kinder den alten Eltern Anerkennung und Liebe nicht nur entgegenbringen, sondern diese Gefühle auch zeigen und formulieren können und das ganz besonders in unserer angeblich so gefühlskalten Welt.

Margrit Pawloff

# Heißhunger auf Pflaumenmus

Im Korridor stand ein Vertiko, in dem Unterlagen der
Familie aufbewahrt waren. Zu unseren Schätzen gehörten
ein kleiner, schwarzer Handlocher und Aktenmappen aus
rosa Pappe. Für mich war es ein wunderbares Spiel, mich auf
die Rutsche vor einen Stuhl zu setzen und „das Büro zu
eröffnen". Ich konnte stundenlang den Völkischen Beobach-
ter lochen, in die Mappe einlegen, mit der Mappe in das
andere Zimmer gehen, zurückkommen und die Arbeit von
vorn beginnen. Da dies alles vor 1945 stattfand, zählte ich
wohl gerade sieben oder acht Jahre. Mein Vater hat prophe-
zeit, dass ich wohl einmal in einem Büro arbeiten würde.

Ein sportliches Mädchen war ich nicht. Ich hatte seit
meinem vierten Lebensjahr als Folge eines argen Keuchhu-
stens einen doppelseitigen Leistenbruch. Über Jahre musste
ich ein Bruchband tragen. Das war für mich eine Strafe.
Sportverbot hat mich allerdings nicht so gestört. Ein ortho-
pädisches Lederband wurde mir um die Hüften geschnallt
und zwei faustgroße Klumpen sollten die Brüche eindrücken. Das Band, das mit einem gelochten Riegel am Unter-
bauch zusammengehalten wurde, hatte ich ständig zu tragen. Da man in meiner Kindheit Hängerkleidchen trug,
konnte man das Bruchband nicht sehen, wiederholte meine
Mutter immer wieder. Ich war heilfroh, als das Band nicht
mehr weiter zu stellen war und es durch den Umbruch keine Möglichkeit gab, ein neues zu beschaffen. Vielleicht hat

das ständige Tragen aber doch bewirkt, dass die zerstörte Bauchnetzhaut wieder zusammen gewachsen ist.

Heute heilt man diese betroffenen Kinder schneller und eleganter. Eine kurze Operation, der Mangel wird beseitigt und die Sache hat sich. Die Kinder müssen nicht in dem Glauben aufwachsen, dass sie einen körperlichen Schaden haben, nicht springen dürfen, und ständig Angst haben müssen, dass sich der Bruch einklemmt.

Und später hatte ich Probleme mit meinem Blinddarm. Ich war 14 Jahre alt. Vater war aus der Gefangenschaft zurück und schickte sich an, unser Häuschen zu erweitern. Das Haus war 1944 als Behelfsheim für die in Berlin Ausgebombten gebaut worden. Sicher gab es dafür besonders günstige Kredit- oder andere Bedingungen. Wir hatten ein Grundstück an der Schlaube, dort einen Garten mit einer Schwengelpumpe. Die Cousine aus Berlin brauchte eine Bleibe. Zwei Zimmer, eine Küche. Keinen Keller, keinen Vorbau, alles nur ein Stein – so sagten die Männer unter sich.

Schon in der vierjährigen Gefangenschaft in Sibirien hatte sich Vater ausgemalt, wie er aus diesem Provisorium eine ständige Unterkunft für die Familie machen könnte. Ruinen gab es ja rundum genug. Es wurde entschieden, dass wir die Ruinensteine bergen. Das hieß, wir drei Kinder gingen mit der Mutter nach der Schule zum Steinekloppen. Die Ziegel wurden mit dem Hammer vom Mörtel befreit, auf den Handwagen geladen und nach Hause gezogen. 200 Steine wurden dann jeweils auf einen Block gestapelt. Kinder können so nebenbei Zählen und Rechnen lernen. 16 x 12 Steine, obenauf 8. Rote, weiße, braune, gebrannte und ungebrannte, wie es eben kam. Einer zog den Wagen und musste lenken, mein Bruder und ich haben geschoben.

Eines Tages hatte ich beim Schieben stechende Schmerzen im Leib. Vater, der „Doktor" der Familie, hat mich untersucht und festgestellt, es ist der Blinddarm, der muss raus! Unser Dorf war ein kleines im Schlaubetal, die nächste Klinik in Frankfurt. Ehe ein Krankenwagen kam, war ich vor Schmerzen ohnmächtig. Als ich wieder zu mir kam, musste ich mich wegen der Äther-Narkose übergeben. Ich war allein und um mich war alles weiß. Es war 1949, Ärzte waren rar, Schwestern waren Mangelware, aber Medikamente waren das größte Glücksspiel. Die Wunde heilte und heilte nicht, ich war vier Wochen im Krankenhaus und mir blieb eine fingerdicke Narbe zur freundlichen Erinnerung und als „besonderes Kennzeichen".

Ich hatte nach der Operation einen Heißhunger auf Pflaumenmus, niemand konnte mir diesen Wunsch erfüllen. Frühsommer wars. An Pflaumen war noch lange nicht zu denken. Der Heißhunger ist vergangen, geblieben sind die Erinnerung an die Ruinensteine und der Groll auf die Orthopädie.

Ursula Leppert

# Leierkastenmann

Lieber Leierkastenmann,
fang noch mal von vorne an.
Spiel die alten Melodien
Von der schönen Stadt Berlin.
Wo ich meine Frau einst nahm,
unser erster Junge kam.
Noch einmal son junges Blut sein,
noch einmal im Tanz sich zärtlich drehn.
Lasst mal Kinder, lasst mal gut sein.
Unsere Stadt Berlin iss doch janz schön.

    Dieses Lied sang Buhli Buhlann als ich ein Backfisch war. Ich denke mal, so Ende der vierziger Jahre. Aber meine Erinnerung reicht noch weiter zurück.

    Als ich Kind war, kam der Leierkastemann jede Woche zu uns auf den Hof und spielte mindestens drei Lieder. So z.B. das Lied von Sabinchen, dem Frauenzimmer, das schöne Lied aus der Jugendzeit und natürlich die Berliner Luft. Und alle, ob Vorder- oder Hinterhaus, hingen zum Fenster raus und hörten begeistert zu. Ich durfte für den Leierkastenmann jedes Mal einen Sechser oder Groschen, der in Zeitungspapier eingewickelt wurde, aus dem Fenster werfen. Ich musste mich ganz schön anstrengen und zielen, damit das Geld möglichst dicht dem Leierkastenmann vor die Füße fiel. – Ich glaube ich muss für die Jüngeren unter uns erklären, was ein Sechser und ein Groschen waren. Also, ein Sechser, das war ein Fünf-pfennigstück und ein Groschen, das waren zehn Pfennige.

Und das war damals eine Menge Geld, das meine Mutter da spendierte. Denn sie bekam von meinem Vater ganze drei-ßig Mark in der Woche Kostgeld für uns drei. Und ich kann mich noch gut an ihre Worte erinnern, wenn ich mal einen kleinen Wunsch hatte, wie Himbeer- oder Maiblätterbonbons oder einen neuen Triesel oder Buntstifte für die Schule. Fast immer hieß es: „Warte bis Freitag, bis Vati Geld kriegt!"

Also war ich glücklich, wenn ich mein Geldstück dem Leier-kastenmann runterwerfen durfte. – Und noch glücklicher war ich, wenn Mutti erlaubte, dass ich runtergehen durfte, wenn die Musik erklang. Wir waren dann so drei oder vier Mädchen aus dem Haus, die sich unten trafen. Wir fassten uns an den Händen und tanzten zur Leierkastenmusik. Ach, hat uns das Spaß gemacht. Und wir durften auch zwei oder drei Häuser weiter mit dem Leierkastenmann mitziehen. Er freute sich auch, wenn wir die Geldstücke für ihn aufhoben. War er doch schon ein alter Mann und das Bücken fiel ihm schwer.

Heute spielen die Leierkastenmänner, nennen sich jetzt Drehorgelspieler, meist nur noch auf Volksfesten. Auf dem Weihnachtsmarkt sind sie zu finden mit den alten Weih-nachtsliedern. Und ab und zu steht auch mal einer an der Straßenecke und spielt für uns. Und wenn ich auch sonst Bettlern und den Leuten mit dem Spruch: haste mal nen Euro, nie was gebe, für den Leierkastenmann habe ich immer noch einen Groschen übrig. – Und einmal im Jahr gehe ich zum Drehorgelfest in den Britzer Garten.

Nur schade, dass kein Leierkastenmann mehr auf meinen Hof kommt. Ich würde so gern mal wieder ein Geldstück in Zeitungspapier einwickeln und runterschmeißen, genau wie damals als Kind.

Ingeborg Discher

# Der Schreibtisch

Eines Tages stand er im Wohnzimmer. Ich nahm ihn nur flüchtig wahr, der Besuch war zu kurz und es gab so vieles und wichtiges zu bereden und der Zug zurück ins bombensichere Umland fuhr auch sehr bald wieder ab. Erst als der Krieg zu Ende war, wir drei – Vater, Mutter, Kind – wieder auf wundersame Weise vereint waren, trat auch der Schreibtisch wieder in mein Bewusstsein. Vater hatte ihn aus dem Nachlass einer uns befreundeten älteren Dame erworben. Er war mahagonifarben, groß und wuchtig und beanspruchte einen beträchtlichen Platz in der Ecke am Fenster. Seine Türen hatten Kassettenform, die drei Schubladen Messinggriffe und die Schreibtischplatte hatte dieses besondere Tuch – sie hatte Lederbespannung. Vater pflegte diesen Schreibtisch und ging sorgsam damit um, wie er überhaupt mit jedem dieser alten Möbel umging. Es rührte wohl aus dem Bewusstsein, nach dem totalen Verlust der Wohnung und allen Hab und Gutes nun wieder – wenn auch spärlich und mit alten und gebrauchten Möbeln – ein Zuhause zu schaffen.

Der Schreibtisch jedoch war sein Reich.

Wollte ich, auf Mutters Geheiß, darauf Staub wischen, gelang mir das meist nur unter Protest) und das Chaos auf der schönen Platte musste auch hinterher den Anschein von Chaos behalten. Ich hatte da so meine Tricks. Einiges legte ich in die Schubladen und zwar so, dass Vater glauben musste, er hätte es dort selbst hineingetan. Ein paar Dinge stellte ich dann einfach in einen größeren Abstand zueinander. Der Aschenbecher mit den Rauchutensilien und der kleine Kupferkessel, sie blieben stets auf ihrem zugedachten Platz.

Einige Male im Jahr wienerte Vater seinen Schreibtisch. Er bearbeitete ihn mit Möbelpolitur und die schöne Platte unterzog er einer Spezialbehandlung. Das blieb sein Geheimnis.

Wie alle Schreibtische hatte auch er diese Tiefe und wollte man an den Inhalt ganz hinten und ganz unten, musste man sich schon sehr bücken.

Außer Schreibutensilien in den Schubladen, Arbeitspapiere und aktuelle Dokumente barg der Schreibtisch auch andere Schätze: Eine Blechschachtel mit alten Münzen, eine Kiste mit Zigarren, die Vater jedoch selten rauchte, die goldene Taschenuhr samt Kette, auch Mutters Schmuck und schon fast historische Dokumente, wie die Heiratsurkunde der Großeltern aus dem Jahre 1890. Der Karton mit den alten Fotos und die Fotoalben waren für mich und meine Freundin ein Objekt des immer wieder Neuentdeckens und des Staunens. Wir amüsierten uns köstlich über die Mode von damals, vor und nach der Wende vom neunzehnten zum zwanzigsten Jahrhundert. Besonders die Hüte der Großmutter und der Tanten fanden wir ulkig. Vaters Gegenwart störte uns nicht, er schmunzelte oft wegen unserer sicher sehr albernen Kommentare. Er kannte diese Mode ja noch aus eigenem Erleben, war er doch damit aufgewachsen. Ein Foto zeigt ihn selbst mit einer damaligen Modeschöpfung für Herren} dem sogenannten Vatermörder; der Kragen, der tatsächlich den Eindruck aufzwingt, mit diesem Ding würde sein Träger jeden Moment abgemurkst.

Es gab jedoch auch Fotos, die Trauer und Entsetzen auslösten – Fotos aus dem 1. Weltkrieg. „Vor Verdun" steht unter dem einen und zeigt Vater mit Kriegskameraden, von denen es danach so manchen nicht mehr gab. Zerschossene, zerbombte Häuser, verbrannte Bäume brauchten und wagten wir nicht mehr zu kommentieren, die hatten wir erst vor nicht allzu langer Zeit selbst kennen gelernt.

Vater legte diese Zeugnisse der Vergangenheit stets selbst und bedächtig zurück an ihren Platz im Schreibtisch.

Werner Piecha

# Idole und Helden

Wie sehen Idole aus? Sind sie weiblich, männlich? Sind es Vorbilder, Leitfiguren, Stars? Sind sie zeitlos? Gibt es mehr Idole als Helden, oder umgekehrt?

Ja, sie gibt es! Schon immer! Und ich bin mir sicher, dass manche Idole in der langen Geschichte verblassen, Helden hingegen einen längeren Atem haben.

Und wie sahen meine Idole der Kindheit, der Jugend aus? Welche gab es in meinem Land der Arbeiter und Bauern? Haben sie mich begleitet?

Da war Väterchen Stalin. Als Fotografie beobachtete ein mild lächelnder Mann meine Wissbegier im Unterricht. Obwohl die sich in Grenzen hielt.

Doch eines Tages war das Bild verschwunden. Das Väterchen lag im Papierkorb. Weshalb, warum? Neue Bilder zierten ab sofort die Klassenräume. Auch diese lächeln mild. Der eine, namens Ulbricht – SED-Chef, Generalsekretär, erster Vorsitzender und weiß der Himmel, was nicht noch alles; ein anderer, namens Honecker als FDJ Vorsitzender. Er wollte die Jugend begeistern, versprach das schmunzelnde Schwarz-Weiß-Foto.

Auch diese Herren verschwanden später im Papierkorb der Geschichte. Ich habe es als Kind nicht verstanden, aber ich lernte, dass Idole ausgewechselt werden können.

Also, Vorsicht mit verordneten Idolen!

Andere Idole waren aktuell. Welche mit Schmalzlocken und verrückter herrlicher Musik, nicht erwünschter Musik. Und die tanzten auch noch nach dieser Musik! Sie trugen Jeanshosen und Ringelsöckchen, aber auch Petticoats und ja, das war auch herrlich verrückt. Wir, die heranwachsenden Jugendlichen, liebten diese Idole. Sehr zum Ärger von einem, der niemals eine Mauer bauen wollte und dem anderen, der den „Sozialismus in seinem Lauf, halten weder Ochs und Esel auf" kund tat.

Und da waren auch Helmut Recknagel, der Skispringer oder Täve Schur, der Pedalritter, diesen Sportlern wollte ich, wollten wir Kinder nacheifern. Oder noch später Gagarin – erster Mensch im Weltraum, Sigmund Jähn – erster Deutscher umkreist die Erde, Neil Armstrong als erster Mann auf dem Mond. Das war doch eine Sache!

Hat sich denn die Sache für mich heute erledigt? Habe ich heute noch Idole?

Ja, ich habe noch welche. Ich würde sie nicht als Idole bezeichnen, sondern als Leitfiguren. Es sind Schriftsteller und Dichter, die mich begleiten. Zuerst die Gebrüder Grimm, dann Mark Twain, Storm, Schiller bis hin zu Aitmatow. Poeten, die mein anerzogenes humanes Denken bestätigen. Die mir die Poesie des Lebens und die der Natur nahe brachten.

Es soll ja sogar einen Dichter gegeben haben, der in der Natur zur Osterzeit spazieren gegangen ist und seine Eindrücke in einem Gedicht verfasst hat, welches sich jedes Jahr aufs Neue wiederholt.

Und was machen meine Helden? Sind sie laut oder leise? Was für Siege haben sie zu berichten?

Da ist zuerst ein Schneider, welcher sehr tapfer war und den Riesen, nein, es waren sogar zwei, das Fürchten lehrte. Hatte er doch auf seinem Hosenbund stehen: Sieben auf einen Streich. Immerhin. Sieben. So einer musste ein Held sein!

Auch wie Frau Liebermann, die Sportlehrerin. Sie tröstete Larisa, die Erstklässlerin, die bitterlich weinte. Der Grund war, Larisa lächelte Lena an und Lena hat ihr Lächeln nicht erwidert, ist einfach weggerannt. Frau Liebermann klärte auf. „Du weißt doch, im Sport ist es manchmal besser, wenn die Brille nicht auf der Nase tanzt. Lena konnte dich nicht sehen, wie du sie angelächelt hast." Aha, so war das. Die Welt ist daraufhin wieder in Ordnung. Der Seelenfrieden von Larisa hergestellt und eine Lehrerin ist die Heldin für den Rest des Tages. Vielleicht auch noch für länger.

Aber es gibt auch viele unbekannte Helden. Helden, die im Stillen, heimlich und unter Lebensgefahr Menschen vor Verfolgung, Vernichtung und Folter retten, ihnen Schutz vor sinnloser Gewalt bieten. Diese Helden gab und gibt es zu allen Zeiten. Ihnen allen gebührt ein Platz im Himmel, eine Verneigung und Dank. Es sind die Namenlosen, die das Licht der Hoffnung nicht erlöschen lassen.

Ist Pastor Holmer ein Held, der der Familie Honecker, dem Idol und fürsorglichen Staatsmann der untergegangenen DDR, Unterkunft gewährte? In einem Pfarrhaus? War bei achtzig Millionen Menschen die Herberge verschlossen? Wo waren die treuen, teuren Mitstreiter und Genossen, die sich im Glanz Honeckers sonnten? Hatte nicht Familie Holmer Grund genug, die Tür ihnen vor der Nase zuzuschlagen? Es waren die Honeckers, die die Kirche als Überflüssiges betrachteten und im konkreten Fall den Holmer-Kindern und wie vielen anderen ein Studium erschwerten. Der Ausgang der Geschichte ist bekannt. Der Familie Holmer, insbesondere dem Pastor, gebührt Anerkennung für so ein souveränes Verhalten.

War es heldenhaft? Ich denke: Ja!

Werner Piecha

# Keine Karriere als Politiker

„Du gehst mir heute nicht auf die Straße, du bleibst zum Spielen auf dem Hof." Diesem Diktat hatte ich Folge zu leisten, passte es doch zu der damaligen Lage. Meine Mutter ließ keinen Zweifel daran, dass es ihr ernst war.

Es war der 17. Juni 1953

Ich wunderte mich schon, weil in unserem Haus auf jeder Etage irgendwelche Sondersendungen im Radio zu hören waren. O, o. Das roch nach dicker Luft! Was war heute los?

Die Neugier ließ mir keine Ruhe, denn ich musste doch sehen, was sich auf der Straße so alles abspielt.

Zwei, drei Autos mit Plane fahren eilig die Straße entlang. Hier und dort ein paar Leute, welche heftig und laut diskutieren.

Wie ich höre rufen sie solche Worte wie:

„Freiheit, mehr Rechte, mehr Lohn, Bonzen verschwindet."

Bis zum Gasthof „Kupfer" – Ecke „Schloßberg" traue ich mich noch. Ein zertrümmertes Radio liegt auf der Straße. Auch hier Leute, die lautstark diskutieren. Hier ist der Ruf nach Forderungen noch lauter zu vernehmen.

Was die Erwachsenen sich erhoffen, das erhoffte ich auch für uns Schüler.

Also gab ich meiner schwachen Stimme starken Ausdruck nach Forderungen, die uns Schüler auch in eine glänzende Zukunft blicken ließ.

Ich hielt die geformten Hände als Trichter vor den Mund, blies die Backen auf und brüllte Schülerforderungen.

„Erstens: mehr Freiheit für uns Schüler in Form von mehr Ferien!
Zweitens: mehr Rechte auf längere Pausen!
Drittens: kürzere Unterrichtszeit, Unterricht von 9 Uhr bis 12 Uhr!"
Mehr ist mir nicht eingefallen.

Na, da hatte ich mir was eingebrockt!

Zwei Männer kamen auf mich zu und meinten ganz trocken, ich hätte noch einen vierten Wunsch offen. Mir nämlich den Hintern zu versohlen, wenn ich nicht gleich verschwinde. Verschwinde! Ab nach Haus! Lass dich nicht nochmal blicken!

Schnell, sehr schnell war ich von der politischen Straßenbühne verschwunden, meine Karriere fand ein jähes Ende.
Natürlich bedeutete dies das politische Aus für mich.

So verbrachte ich den Rest des Tages weit ab vom politischen Tagesgeschehen auf dem Hof, hinter unserem Haus, mit Brennholz stapeln.

Annemarie Fahrenberg

# Brief an die Cousine

Es war im Juli 1954 als wir uns zum ersten Mal trafen. Ich war gerade neun Jahre alt geworden, du hattest diesen Geburtstag noch vor dir. Anlass für dieses Treffen war der 80. Geburtstag unserer gemeinsamen Großmutter in Bad Salzuflen, Bundesrepublik Deutschland.

Ich lebte mit meinen Eltern und Geschwistern in Leipzig, in der DDR. Zum ersten Mal nach dem 2. Weltkrieg bekamen wir – meine Eltern, meine Schwester Ingeborg und ich – die offizielle Erlaubnis, von Leipzig aus in den „anderen Teil Deutschlands", der Bundesrepublik, zu reisen. Allein schon die Fahrt war ein Erlebnis. Ich war überhaupt noch nie so lange und soweit mit dem Zug unterwegs gewesen. Besonders angetan hatten es mir die vielen Schranken mit den kleinen Häuschen und den hübsch gestalteten Gärten. Daraus entstand der über mehrere Jahre (glaube ich jedenfalls) erhaltene Berufswunsch, Schrankenwärterin zu werden.

Bad Salzuflen – für mich bis dahin eine Welt, die ich nur aus den Erzählungen meiner Eltern kannte. Und von kleineren und größeren (West-) Paketen, die uns zu den Feiertagen und zu unseren Geburtstagen erreichten. Ich war – wie du auch – 1945 geboren, kurz nach dem Krieg, behütet als Säugling und Kleinkind, so gut es ging. Von der

Nachkriegszeit und ihren Problemen für meine große Familie hatte ich auch noch als Schulkind wenig oder gar nichts mitbekommen. Aber nun tauchte ich ein in eine Welt, die nicht mehr nur grau und kaputt war, wie die, die ich kannte, sondern schon ein wenig heil und bunt. Und ich kam in eine andere große Familie, die ich bisher nur vom Hörensagen oder aus Briefen kannte.

Meine Mutter und deine Mutter waren Schwestern. Beide hatten ihre Kindheit in Rawitsch und Posen, in der ehemaligen deutschen Provinz Posen, verbracht, beide waren mit den Eltern und Geschwistern 1919 nach Wilhelmshaven gezogen. Posen war nach dem 1. Weltkrieg polnisch geworden, was u. a. zur Folge hatte, dass der Vater als verbeamteter Studienrat vom Gymnasium in Posen nach Wilhelmshaven versetzt wurde. Nach Schulzeit und Abitur trennten sich die Lebenswege unserer Mütter. Ausbildung, Heirat, Familie, Tod, Krieg und eine langsame Verbesserung der allgemeinen und persönlichen Lebensverhältnisse hatten sie erlebt, als sie sich nun 1954 wiedersahen. (Konspirativ hatten sie sich bereits 1949 getroffen, als meine Mutter es schaffte, über die sogenannte „grüne Grenze" im Harz nach Salzuflen zu gelangen.)

Wir beide, Gisela und Annemarie, sind die jüngsten von jeweils sechs Kindern der beiden Schwestern. Da wir gleichaltrig sind, ergab sich eine natürliche Zusammengehörigkeit von selbst, als wir uns kennen lernten. Zumal wir damals auch bei euch wohnten. Was ist von diesem ersten Besuch in Salzuflen in meinem Gedächtnis geblieben? Große, hohe Räume in der Kirchstraße; ein großer Garten mit hohen Bäumen und Wegen, auf denen wir mit dem roten, luftbereiften Roller fahren konnten; die Geburtstagsfeier im Garten unserer Oma mit den vielen Leuten, die fast alle zu unserer Familie gehörten; die Schaukel und die anderen Sportgeräte der Kinderärztin Tante Lütta (die dritte der Schwestern), die im gleichen Haus ihre Praxis hatte; die ersten Autofahrten meines Lebens mit dem VW-Käfer; der Ausflug zum Bismarckturm. Für mich alles neue und unbekannte Sachen, die sich mir vielleicht deshalb so eingeprägt haben. Dazu kamen natürlich auch ungewohnte und leckere kulinarische Angebote: Lagnese-Eis, Kaugummi als bunte Kugeln aus den Automaten, zum Beispiel. Erinnerlich sind mir auch deine Zöpfe, die zu meinem Leidwesen länger waren als meine. Du durftest sie auch eher abschneiden lassen als ich. Wie es in unseren Familien Tradition war, mussten alle Töchter bis zur Konfirmation ihre Zöpfe tragen, das heißt, ihre Haare wurden nicht geschnitten. Da du vor mir konfirmiert wurdest, fielen deine Haare ehe der Schere zum Opfer, was ich natürlich als sehr ungerecht empfand.

Soweit zu meiner ersten „Westreise".


In den nächsten Jahren wurden dann die Ferienreisen nach Salzuflen fast zur Gewohnheit und damit auch unser beider mehrwöchiges jährliches Zusammensein. Ich erinnere mich an das Schwimmen in der Badeanstalt und an das Springen vom 3m-Turm, das ich dort gelernt habe. Wir machten viele Ausflüge mit und ohne Auto, u. a. in den Teutoburger Wald, zum Hermannsdenkmal und zu den Externsteinen. Mit Tante Lütta zusammen machte ich auch Hausbesuche bei Patienten und lernte dadurch zusätzlich die Umgebung kennen. Ausgenommen das Jahr 1958 konnten wir Leipziger bis 1960 unsere Besuche zu Omas Geburtstag fortsetzen. Außerhalb dieser gemeinsamen Ferienzeiten hatten wir wohl keinen direkten Kontakt. Ich kann mich jedenfalls an keinen Briefwechsel erinnern. Einmal trafen wir uns in Leipzig, du hast im April 1960 meine Konfirmation mit gefeiert.

Der Mauerbau 1961 beendete unsere Reisen nach Salzuflen. Nachdem meine Eltern in das Rentenalter gekommen waren, durften sie erneut reisen. Die erste Fahrt meiner Mutter ist für November 1964 in unserer Familiengeschichte notiert.

Dann haben sich also etwa seit Anfang der 1960er unsere Lebensläufe getrennt entwickelt. Ich machte 1964 Abitur und begann meine nicht ganz geradlinige Berufsentwicklung. Du hast zwei Jahre später die Schule beendet, dich anschließend zur Ausbildung nach dem damaligen West-Berlin aufgemacht, hast dich in Steglitz niedergelassen und den Klaus geheiratet. Ich habe 1972 den Kristian in Ost-Berlin geheiratet, zwei Söhne geboren und lebte seit 1976 mit meiner Familie in Friedrichshagen. Ich glaube, unsere Mütter haben letztendlich den Ausschlag dafür gegeben, dass wir versuchten, in der geteilten Stadt Kontakt aufzunehmen.

Apropos Kontakt aufnehmen – wie schwierig das war, kann man heute kaum noch nachvollziehen. Ihr in Steglitz hattet natürlich einen Telefonanschluss. Aber auch wir in Friedrichshagen hatten mit viel Glück und etwas Frechheit 1976 einen Anschluss ergattert. So weit, so gut. Wir lebten aber nicht nur politisch in zwei völlig unterschiedlichen Systemen. Auch telefonisch ließ sich das durchaus feststellen. Das Problem der viel zu wenigen Leitungen und der dadurch dauerhaften Überlastung hatten wir alle – von

West nach Ost und umgekehrt. Dazu kam für uns – im Osten – dass ihr – im Westen – „so weit weg wohntet", dass wir den Tarif für ein Ferngespräch bezahlen mussten, während ihr in der Gegenrichtung ein Ortsgespräch führen konntet. Deshalb spielten sich unsere Telefongespräche etwa wie folgt ab: Einer von uns wählte und wählte und wählte eure Nummer, hatte irgendwann das Glück, dass eine Leitung frei wurde und sich einer von euch meldete, sagte dann nur hallo, ruft ihr mal zurück und legte wieder auf. Dann begann das Spiel von neuem in der Gegenrichtung, bis wir dann tatsächlich mit einander reden konnten, zum Ortstarif in DM. Welch ein Abenteuer jedes Mal!

Das genaue Datum eures ersten Besuches weiß ich nicht mehr genau. Ich denke, es muss 1978 gewesen sein. Von da ab waren es zwei oder drei oder auch mehr Westbesuche im Jahr bei uns in der Stillerzeile in Berlin-Friedrichshagen von dir und deinem Mann, manchmal auch mit anderen weitläufigeren Familienangehörigen. In Erinnerung geblieben sind fröhliche Zusammenkünfte, liebevoll ausgesuchte Mitbringsel und meinen Kindern die zusätzlich konspirativ überreichten fünf DM, ein unbekanntes und willkommenes Zahlungsmittel, an das ich mich überhaupt nicht erinnere!

So ging es eine lange Zeit bis … ja, bis 1989, dem Mauerfall. Kristians erster Weg ins für uns noch damalige Westberlin führte ihn am 10. November nach einem Abstecher nach Neukölln, wo sein Großvater bis zu seinem Tod in den 1960er Jahren gelebt hatte, und einem Spaziergang quer durch die Stadt – wohin? Na klar, nach Steglitz. Viele Besuche her und hin folgten, wir lernten Klaus' Familie kennen, feierten Geburtstage und andere Festtage zusammen. Wir machten gemeinsame Stadtspaziergänge, unter Kristians kundiger Führung, Ausflüge ins Berliner Umland, gingen in Konzerte in Friedrichshagen und anderswo, machten Besuche im Theater, im Kino, in Parks, Museen...

Beide sind wir inzwischen 70 Jahre alt geworden, viel älter als unsere Mütter damals 1954 und nur 10 Jahre jünger als die damals zu feiernde Großmutter. Wir hatten jede einen besonderen Lebensweg, der den der jeweils anderen immer wieder kreuzte. Das soll auch lange noch so bleiben.

Monika Behrent

# Das Wiedersehen

Im August 1959 erhielt ich einen Brief von meinen Verwandten in Nürnberg, dass mein Vater, der seit 1945 als vermisst galt, in der Sowjetunion (Kasachstan) leben sollte. Nach dem Tod meiner Mutter im Jahre 1952 haben meine Verwandten eine Suchmeldung beim Roten Kreuz in Hamburg aufgegeben. Ich lebte zu dieser Zeit bei meinen Pflegeeltern in Ostberlin. Meinem Pflegevater, der im Mai 1959 verstorben war, konnte ich diese freudige Mitteilung leider nicht mehr machen, aber meiner Pflegemutter, die wegen eines Schlaganfalles im Krankenhaus lag und leider einen Monat später verstarb.

Zuerst war ich noch etwas skeptisch und konnte es gar nicht glauben, dass mein Vater noch am Leben war. Ich hatte auch nur eine vage Erinnerung an ihn und besaß nur ein Foto. Meine Mutter hatte mir damals erzählt, dass er im Jahre 1944 auf Fronturlaub war. Ich war 5 Jahre alt. Da haben wir uns das letzte Mal gesehen. Wir lebten damals in Ostpreußen und sind im Frühjahr 1945 mit einem langen Treck vor der Roten Armee geflüchtet und mit einem der letzten Züge nach Leipzig gekommen. Ich nahm Kontakt zu meinem Vater auf, schickte ihm einen Brief und bekam auch bald Nachricht. Er schrieb mir, dass er 10 Jahre in russischer Kriegsgefangenschaft war und uns nach seiner Entlassung durch den russischen Halbmond gesucht hat. Von dort erhielt er die Nachricht, die Nach-richt, dass wir nicht

mehr am Leben sind. Zwei Jahre später hat er wieder geheiratet, eine Frau deutscher Abstammung. Mit ihr hat er zwei
Kinder: Erika (1 Jahr) und Elvira (1 Monat). Ihnen hat er
im Gedenken an mich meine beiden Vornamen gegeben.

Ich kam mir vom Schicksal reich beschenkt vor: Nach
dem Tod meiner Pflegeeltern hatte ich nun einen Vater und
noch zwei Halbschwestern. Es kam mir vor wie ein Traum.
Ich war sehr glücklich. Natürlich wollte ich alle so bald wie
möglich sehen. Aber das war damals in der DDR nicht so
einfach, die kasachische Republik gehörte bereits zu Asien
und man sagte mir, ich könne nur in eine europäisch-sowje-
tische Volksrepublik und wenn überhaupt nur mit Einla-
dung einreisen. Schweren Herzens mussten wir unser Wiedersehen verschieben.

Das Schicksal hatte noch eine Überraschung für mich:

Zwei Jahre später – im Jahre 1961 – erhielt ich von meinen Verwandten die Nachricht, dass auch meine Oma mütterlicherseits (damals 63 Jahre) noch lebte – in einem
Altersheim in Kostroma an der Wolga, einer Stadt nordöst-
lich von Moskau. Ich wusste von meiner Mutter, dass wir
die Oma auf unserer Flucht 1945 verloren hatten. Wir
schrieben uns viele Briefe, schickten uns Fotos, ließen den
Kontakt nicht abreißen.

Im Jahre 1960 habe ich geheiratet und zwei Kinder geboren – hatte aber immer die Sehnsucht, endlich meinen
Vater und meine Oma wiederzusehen. Endlich, im Sommer
1967 war es soweit. Meine Oma schickte mir eine Einla-
dung und ich durfte zu ihr fahren. In einem Vierer-Doppel-
stockabteil fuhr ich mit dem Zug 37 Stunden nach Moskau
– einen Tag – eine Nacht und noch einen halben Tag. Die
russische Zugbegleiterin verteilte heißen Tschai – russischen
Tee, der mir wunderbar schmeckte. Später am Abend ging

sie durch das Abteil und rief in ihrem russischen Akzent: „Beetwäärsche – Beetwäärsche". Ich wusste zuerst nicht, was damit gemeint war. Erst als sie mit weißen Bettlaken unter dem Arm erschien, wusste ich es: sie meinte Bettwäsche. Jeder Fahrgast erhielt ein Laken und konnte es über seine Decke legen. Ich suchte mir den Schlafplatz oben aus – von dort konnte ich im Liegen während der Fahrt aus dem Fenster sehen. Ich sah die Landschaft vorbeifliegen – alles war so fremd – fremde Gerüche – fremde Stimmen. Schlafen konnte ich sowieso nicht – war viel zu aufgeregt vor all dem Unbekannten und der Vorfreude auf das, was mich erwartete. Schließlich muss ich doch eingeschlafen sein und wurde von einem fürchterlichen Gepolter geweckt – das Abteil ruckelte hin und her – draußen laute Stimmen und Geschrei in russischer Sprache. Endlich sagte mir jemand im Abteil, dass der Zug an der russischen Grenze auf breitere Gleise gesetzt werde und die Fahrt dann weitergehe. Da war ich etwas beruhigt. Nach ca. zwei Stunden – mir kam es vor wie eine Ewigkeit – fuhr der Zug endlich weiter. Nun fuhren wir durch die Sowjetunion – ich war in meinem Leben noch nie so weit weg von zu Hause – immerhin ca. 2000 km ist Berlin von Moskau entfernt.

Es war alles wie ein großes Abenteuer für mich. Die Vorfreude, meine Oma wieder zu sehen, ließ mich mutig sein. Endlich, gegen Mittag, nach über 36 Stunden Bahnfahrt, kam in auf dem Bahnhof in Moskau an. Es war so vereinbart, dass mich dort eine Bekannte meiner Oma, die Deutschlehrerin war, mich dort abholen und mit mir gemeinsam nach Kostroma fahren sollte. Aber sie war nicht da! – Ich wartete und wartete. Was sollte ich nun machen, allein in dieser großen Stadt mit meinem wenigen Schulrussisch. Meine Fahrkarte war auch nur bis Moskau gelöst. Ich ging zum Schalter, sagte dort meinen Zielort. Es wurde mir sehr freundlich halb russisch, halb deutsch Auskunft gegeben. Soviel verstand ich, dass der Zug nach Kostroma von einem anderen Bahnhof der Stadt abging. Ich nahm mir ein Taxi und ließ mich zum Bahnhof fahren. Mein Zug sollte erst am späten Abend fahren. Ich hatte also noch viel Zeit, um mir Moskau anzusehen. Darauf freute ich mich – gab meinen Koffer an einem Schalter zur Aufbewahrung. Der Bahnhof war in der Nähe des Roten Platzes. Ich war sehr beeindruckt von der Basilius-Kathedrale. Vor dem Mausoleum, in dem Lenin aufgebahrt wurde, stand eine lange Menschenschlange. Ich stellte mich auch an, aber die Zeit wurde mir zu lang. Ich wollte mir lieber die Stadt ansehen und war auch im Kaufhaus GUM. Am Abend fuhr ich dann weiter nach Kostroma – wir fuhren und fuhren, ich wusste nicht, wie lange es dauern würde, hatte Angst einzuschlafen und den Ausstieg zu verpassen. Die Landschaft war sehr schön – wir fuhren durch Birkenwälder – ich sah Pferdegespanne und Frauen, die auf einer Deichsel rechts und links Wassereimer trugen – fühlte mich in eine andere Zeit versetzt – es war wie in den russischen Bilderbüchern und Märchenfilmen, die ich gesehen hatte.

Endlich nach einigen Stunden erreichten wir Kostroma. Ich ging zum Schalter, zeigte die Anschrift meiner Oma und wollte mich erkundigen, wie ich dort hinkäme. Der Beamte war sehr hilfsbereit, telefonierte und gab mir zu verstehen, dass ich zur Kommandantur gehen sollte, sie wäre in der Nähe. Eine freundliche Frau erklärte sich bereit, mich dorthin zu bringen. Dort empfing mich ein Offizier, der sehr gut deutsch konnte, er sagte mir, dass er einige Jahre in Berlin gelebt hatte. Er rief meine Oma im Altersheim an: „Warten Sie hier – die Oma kommt Sie abholen". Ich war so froh und erleichtert -endlich – meine Odyssee hatte ein Ende. Nach ca. 1 Stunde kam sie, ich sehe sie noch wie heute auf mich zu laufen, wir lagen uns in den Armen und weinten. Selbst der Offizier hatte Tränen in den Augen. Wir hatten uns zuletzt gesehen, als ich 5 Jahre alt war. Sie hatte sich natürlich Sorgen gemacht, als sie von der Lehrerin erfuhr, dass wir uns verfehlt hatten. Sie sah mich immer wieder an und sagte: „Du bist so ein Magerchen, mein Kind, habt Ihr im Reich nichts zu essen? Ich werde Dich erst mal aufbessern!" Ich war damals 28 Jahre alt und normal schlank. Für sie war Körperfülle ein Zeichen für Wohlstand – dass man eben viel zu essen hat. Sie ging mit mir über einen Markt und kaufte mir Früchte – nicht abgewogen, sondern einen Becher voll. Es war alles so neu für mich. Anschließend besuchten wir eine Bekannte von ihr – in einem typisch russischen Holzhäuschen mit einer schmalen Stiege – steil wie eine Hühnerleiter. Oma musste doch stolz und glücklich ihre Enkelin aus Deutschland zeigen. Dort wurde aufgetafelt und ich musste zur Begrüßung essen und essen – die anderen sahen mir wohlwollend dabei zu. Immer wieder wurde ich aufgefordert, alles aufzuessen.

Später fuhren wir mit einer Fähre über die Wolga und weiter mit einem Uralt-bus über holprige Wege zu dem Altersheim – sehr schön auf einem Hügel gelegen – umgeben von Obstbäumen und Gemüsefeldern. Dort wurden wir bereits erwartet – das halbe Altersheim wartete neugierig und gespannt auf die Enkelin aus Deutschland. Das war ein Ereignis für sie. Ich wohnte mit der Oma und zwei anderen Frauen in einem Zimmer. Die Heimleiterin begrüßte mich, ich könne als Gast bei ihnen wohnen und essen. Ich kam mir sehr willkommen vor. Am nächsten Morgen stand meine Oma sehr früh auf, sie holte täglich mit anderen Mitbewohnern vom Feld Gemüse für die Küche und verdiente sich damit einige Rubel, die sie als Taschengeld behalten konnte. Im Winter häkelten sie und verkauften die Sachen auf dem Markt. Es war ein herzliches Verhältnis zwischen den Frauen – viele kannten sich auch bereits seit 20 Jahren. Auch einige geistig Behinderte lebten dort und eine Körperbehinderte im Rollstuhl. An eine junge Frau kann ich mich erinnern, sie hieß Nina und brachte mir Mohrrüben und Erdbeeren vom Feld: „Kuschai kuschai" – das auf deutsch „iss iss" hieß und freute sich, wenn ich es mir munden ließ. Eine andere wollte mir unbedingt zeigen, dass sie ein deutsches Lied kannte und sang:

„Es gein alles voriiber, es gein alles vorbeei". Es waren zu Herzen gehende Momente, und ich denke mit Rührung daran zurück.

Aber das Schönste für mich war der Moment, als ich nach über 20 Jahren meinen Vater (damals 55 Jahre) wiedersah. Es war so geplant, dass meine Oma ein Telegramm an ihn schickt, wenn ich angekommen wäre. Wir warteten sehnsüchtig auf Antwort – jeden Tag gingen wir auf das Postamt. Endlich kam die Nachricht – eintreffen am 20. Juli. Wir standen pünktlich am Bahnsteig. Aber er war nicht dabei. „Dann wird er morgen kommen", tröstete mich Oma. „Dein Papa kommt ganz bestimmt, das weiß ich." Und so war es auch. Wegen der langen Anreise hatte sich die Ankunft verzögert. Am nächsten Tag sahen wir uns wieder: „Guten Tag, mein Kind – wie geht es Dir?" waren seine ersten Worte. Seine tiefe Stimme – mit etwas russischem Akzent – ich höre sie wie heute. Wir weinten und lachten vor Freude. Er hatte auch seine Frau Olga und die beiden Mädchen – meine Schwestern Erika und Elvira – mitgebracht. Sie waren inzwischen 8 und 9 Jahre, alle waren sehr müde – sind 4 Tage und 3 Nächte von Kasachstan (3000 km) unterwegs gewesen – hatten kein Schlafabteil, haben teilweise nur auf ihren Koffern gesessen.

Die Heimleitung hat uns zwei Zimmer auf der Krankenstation zur Verfügung gestellt, damit die Familie zusammen sein konnte. Wir hatten eine Woche für uns und uns natürlich viel zu erzählen. Mit meiner Schmalfilm-Kamera habe ich gefilmt und fotografiert, so dass ich mir heute noch gemeinsam mit meinen beiden Schwestern (inzwischen 55 und 56 Jahre), die inzwischen in Deutschland leben, diese schönen Erinnerungen ansehen kann.

Reinhart Görsch

# Kindheit und Jugend im Osten – ein Beitrag zur deutschen Geschichte

„Geschichte ist die Summe von individuellen Schicksalen"; das hat irgendjemand mal herausgestellt. Als Zeitzeuge eines geschichtlichen Abschnitts unseres Landes diene ich mich dieser Aussage gerne an. Und so scheue ich mich nicht, hier mein kleines Einzelschicksal, mein persönliches Erleben aus der Zeit der DDR aufzuschreiben. Es soll ein Mosaikstein sein zur Erhellung des Lebens und Politikgeschehens in dem Land, in dem ich aufgewachsen bin.

Es war eine bitterkalte Nacht im Februar 45, die mir den ersten Kontakt mit der Mark Brandenburg brachte. Wir waren auf der Flucht vor der herannahenden Ostfront von Landsberg an der Warthe (heute Polen) in Richtung Werder an der Havel, wo meine Großeltern wohnten. Aus diesen frühen Kindheits-Tagen, die ich unter noch Kriegsbedingungen erlebte, sind mir noch deutlich eine Reihe von Geschehnissen in Erinnerung: nächtlicher Fliegeralarm mit Umsetzen in den Luftschutzbunker, zeitweise nur „Schlusen-Suppe" (gekochte Kleie) zum Essen, Einmarsch der mit Flieder winkenden Russen auf ihren Panzern, Fast-Verhaftung meines Vaters, der sich nur durch Französisch-

Sprechen aus der Affäre ziehen konnte, erste Kontakte der russischen Soldaten mit uns Kindern und dergleichen mehr.

Noch im gleichen Jahr bekam mein Vater eine Anstellung als Leiter des ehemaligen Ritter-Gutes Groß-Kreutz, eines Versuchsbetriebes der Veterinär-Medizinischen Fakultät der Humboldt-Universität Berlin (HUB). Folglich zogen wir in dieses Dorf, das nun über fast zwei Jahrzehnte mein Lebensmittelpunkt blieb.

Da das Schloß incl. Gutshaus von Russen belegt war, wohnten wir zunächst in einem der sieben Siedlungshäuser, die durch die Grafen-Familie von der Marwitz nach der Anzahl ihrer Kinder gebaut worden waren. Den Dachboden bauten meine Eltern zur Hälfte aus, sodass unsere 6-köpfige Familie halbwegs vernünftig unterkam. In einem von einer Diakonisse über-ragend und liebevoll geführten Kindergarten verbrachten wir Kinder sehr schöne und erlebnisreiche Tage. Bemerkenswerterweise besuchten viele Kinder, darunter ich, diesen auch nach der Einschulung noch längere Zeit.

Meine Einschulung 1946 lag in einer Übergangsphase, die dadurch gekennzeichnet war, dass wir anfangs noch die deutsche Schrift erlernten, auf Schiefertafeln mit Griffeln schrieben und andererseits beim täglichen Vorzeigen der Hände im Falle von Unsauberkeit noch Schläge auf diese bekamen. Die Schuljahre waren durch echte Nachkriegsärmlichkeit geprägte, was von den Kindergemütern jedoch gar nicht als solche empfunden wurde. Ohne sonderliche materielle Hilfsmittel erfreuten wir uns an Kinderspielen wie Murmeln, Seilspringen, Hopse, Kreiseln, Völkerball, Verstecken, Geländespielen – alles heute nicht mehr vorstellbar. Bald gab es auch die ersten geeigneten, d.h. echten Bälle, um ordentlich Fußball spielen zu können.

Als Besonderheit im Vergleich zur heutigen Zeit des Überflusses ist herauszustellen, mit welcher Freude und Dankbarkeit man auch Kleinigkeiten und so genannte Normalitäten aufgenommen hat, die die 50er Jahre peu à peu brachten. So z.B. das erste Speiseeis. Der Lock-Ruf des klingelnden Eis-Verkäufers „wer einmal leckt, der weiß, wie's schmeckt, der leckt die ganze Ware weg" trieb uns in Sekunden aus dem Haus. Weiterhin will ich hier nennen: Fahrräder mit Reifen – so lernte man das Flicken von der Pike auf; Nickies – natürlich bekam jeder seine Lieblingsfarbe; Schlittschuhe – oh, wie oft machten die Hackenabreißer Probleme; Felsenmakronen – für mich ein lukullischer Höhepunkt; rote Brause – würde man heute als Schlabberwasser abtun; elektrische Eisenbahn – Wahnsinn!

Zum normalen Tagesablauf gehörte auch der Umgang mit einer Vielzahl von Tieren. Man hatte auf dem Lande üblicherweise selbst zumindest Kleintiere – Kaninchen, Hühner, Enten, Gänse, evtl. Ziegen. Die mussten natürlich täglich versorgt werden, woraus sich für uns Kinder eine umfangreiche Aufgabenkette ergab. Direkt zur Familie gehörten selbstverständlich Hunde und Katzen (wir hatten in der Spitze elf).

Ich bzw. meine Familie hatte das Riesenglück, durch die Position meines Vaters ab Ende der 40er Jahre im Gutshaus (= rechter Schlossflügel) direkt auf dem Gutshof und am Schlosspark wohnen zu können. Alles war geprägt von Grö-ße und Weite, in- sowie aushäusig. Kein Baum, kein Dach, kein Melkschuppen, kein Stall, kein Scheunenbalken über der Tenne (hochgefährlich) war vor uns Kindern sicher. Noch heute bestätigen wir uns bei Familientreffen, dass wir die Kindheit als paradiesisch empfunden haben.

Die Schule, sowohl in den ersten Nachkriegsjahren als auch in der ersten Phase des neuge-gründeten Staates DDR ist mir in wirklich guter Erinnerung geblieben. Schule bestand nicht nur aus dem Unterricht. Dazu kamen so genannte Zirkel in der Freizeit: Literatur, Sport, Englisch, Flötenunterricht, Chor. Diese Aktivitäten lebten wahrhaftig von einem dankens-werten freiwilligen Engagement verschiedener Lehrer. Hiervon lebten auch die Ferienspiele,

die in jedem Sommer während der Schulferien zu unserer großen Freude sehr erlebnisträchtig durchgeführt wurden.

Eine Besonderheit der damaligen Zeit waren auf Grund der Berlinnähe Besuche in West-Berlin. Alle unsere Verwandten lebten im Westen; und so traf der scherzhaft gemeinte Slogan „DDR = **D**er **D**oofe **R**est" auf uns zu. Durch kleine Arbeiten wie z.B. Teppichklopfen oder durch natürlich unerlaubtes Herüberbringen von Lebensmitteln (Wurst aus eigner Schlachtung, Eier oder Brathähnchen z.B.) verdiente ich mir die nötigen Westpfennige, um einige begehrte Dinge zu erwerben – so etwas Tolles wie Sahnebonbons und Kaugummi oder als Höhepunkt gar eine Zündplätzchenpistole. Unerlässlich war jeweils der Besuch eines Kinos. In der Ladenstrasse des U-Bahnhofs Onkel Toms Hütte, wo es immer nach Kaffee roch, konnte ich als erstes unvergessenes Westkino-Freignis den Film „Tarzans Rache" mit Jonny Weismüller erleben.

Was das so genannte politische Leben in meiner Grundschulzeit anging, kann ich sagen, dass von Restriktionen, zwanghafter Gängelung oder gar bedrückender Bevormundung zunächst nicht die Rede war. In der Groß-Kreutzer

Zeit nahmen fast alle Mitschüler ohne Probleme am Religionsunterricht teil und wurden konfirmiert. Schulisch eingebundene Aktivitäten hinderten nicht daran, auch aktives Mitglied in der Jungen Gemeinde zu sein. Etwas später gab es beides, Konfirmation und Jugendweihe nebeneinander. Gesungen habe ich sowohl in der Kirche als auch im Schulchor. Durch ersteres wurden Lieder gelernt fürs spätere Leben als auch etliche Reisen mit viel Gesang unternommen. Zum anderen hatte man als Schulchor-mitglied neben Basis-Gesangstechnik wohl sämtliche DDR-Jugend- und Kampflieder gelernt. Den Inhalt empfand ich nicht als ketzerisch. Das aktive, also singende Sich-Erinnern kann heutigentags noch richtig Gelache und gute Stimmung auslösenden Spaß machen, wie ich vor geraumer Zeit bei einem Hiddenseeurlaub gemeinsam mit Greifswalder Ärzten als auch der Liedermacherin Barbara Thalheim erleben konnte.

Die Mitgliedschaft bei den Jungen Pionieren zeichnete sich vor allem durch das Tragen von schönen weißen Hemden und einem blauen Halstuch aus. Der Übergang später zur FDJ (Freie Deutsche Jugend) war für mich ohne spürbare politische Probleme geblieben. Man lebte das, was man ein normales Jugendleben nennt. Als ketzerisch allerdings empfinde ich, wenn heute jemand – ohne die Basis des eignen Erlebens gehabt zu haben – abwertend herausstellen will, dass man als FDJ-Mitglied eine „rote Socke" gewesen sei.

Im Gegensatz zur Grundschulzeit wurde es in der Oberschule auf politischem Gebiet haariger, wenn man nicht unbedingt voll an das System angepasst war. Man hatte allmählich gelernt, in zwei Welten zu leben. Der als Wirklichkeit empfundene Tagesablauf spielte sich im Familien- sowie Freundeskreis ab. Da wurde vom ersten Radiobesitz an verbotener Weise RIAS gehört. Oh je, dieser Feindsender verlockte mit den Schlagern der Woche, dem Insulaner, Kriminal-hörspielen udgl. Nach Aufkommen der Fernseh- apparate hatte sich bei allen ein gewisser Reflex herausgebil- det: wenn es klingelte, wurde zunächst spontan der Sender gewechselt; nicht unbedingt auf die Lachsendung „Der schwarze Kanal", kam ja nur montags. Auch unerwünschte Literatur – eingeschleust von meiner Mutter in Gestalt von Heften aus der Reihe „Das Beste" – wurde begehrlich kon- sumiert. Überdies blieben uns nicht zunehmende Probleme verborgen, die sich aus der Position meines Vaters und sei- ner fast „unvertretbaren" Nichtmitgliedschaft in der „Par- tei" ergaben. Dass zu Hause geführte Diskussionen in den eigenen 4 Wänden zu bleiben hatten, war mir leider nicht 100-prozentig in Fleisch und Blut übergegangen, wie ein eklatantes Beispiel aus meinem Stabü (Staatsbürgerkunde)- Unterricht offenbarte. Auf die hier gestellte Frage, wie man ggf. eine Einheit Deutschlands erreichen könnte, antwor- tete ich – ich Döskopp –: „durch freie Wahlen". Damit hat- te ich die Meinung über die politische Haltung meiner Familie in den Abgrund gestürzt.

Bei mir persönlich hatte das Auswirkungen auf den wei- teren Bildungsweg, zumal ich es abgelehnt hatte, nach dem Abitur der NVA (Nationale Volksarmee) beizutreten und meinen – damals noch freiwilligen – Wehrdienst zu absol- vieren. In meiner Abschlussbeurteilung wurde mir fehlende politische Reife bescheinigt, wodurch mir der direkte Zugang zum Studium vermauert war. Darüber hinaus war mein Studienwunsch Veterinärmedizin, was von der Leiterin der Studienabteilung (die übrigens „Polithexe" genannt wurde) a priori in Ableh-nung kam. An sich ein Eklat, aber für die DDR typisch: da gab es als eine wichtige Abteilung der veterinär-medizinischen Fakultät der HUB dieses Lehr- und Versuchsgut; dem Sohn des Direktors dieses Betriebes jedoch wurde trotz bester Zensuren auf dem Abschlusszeugnis das betreffende Studium zunächst versagt. So musste ich also erst eine Lehre absolvieren, ehe ich zum Studium zugelassen wurde; dies, um mich „politisch zu bewähren", wie es hieß.

Dem Schicksal zum Trotz waren das jedoch zwei sehr schöne Jahre. Sie waren neben der Ausbildung angefüllt mit vielen kulturellen Aktivitäten. So begann ich hier meine musikalische Karriere in einer sogleich gegründeten Kapelle. Durch sehr fleißiges Kartoffelsammeln konnte ich mir schon im Herbst das Geld für eine eigene Gitarre zusammensparen. Ernte-einsätze waren damals, schon seit der Grundschule, etwas ganz Normales. Sie haben uns nicht umgebracht, sondern brachten neben etwas Geld auch allerhand Kurzweil.

Als gravierende zwar schulische, aber nicht unterrichtsgebundene Ereignisse aus dieser Zeit verdienen weitere Dinge Erwähnung. So z.B. der *Tanzunterricht* – wie aufregend war das, mit einem Mädchen im Arm diese Übungen auszuführen. Das häufige *Volleyball spielen* war eine Besonderheit unserer Schule und lehrte uns Teamgeist. Die *GST (Gesellschaft für Sport und Technik)-Ausbildung* – das war etwas sehr Nützliches für die technische Seite des Lebens, wird heute aber von Nichtkennerseite als paramilitärische Ausbildung eingestuft. Weiter zu nennen sind an dieser Stelle gemeinsamen *Ferienfahrten* in die nähere Umgebung oder irgend-wohin in die „Republik", die mir in sehr schöner Erinnerung geblieben sind. Und natürlich die aufregenden *Schulfeste*, die durch Auszeichnungen, Musik und Tanz geprägt waren.

Zur Charakterisierung der politische Situation in diesen Jahren muss ich allerdings noch bezeichnende Ereignisse anführen, die nicht mich persönlich, jedoch meine Familie betrafen.

So kam eines Tages meine Schwester bitterlich weinend nach Hause. Vor versammeltem Auditorium der gesamten Oberschule hatte sie bekennen sollen, dass es von ihr ein Fehler wäre, als Schülerin an einer sozialistischen Bildungseinrichtung und FDJlerin weiterhin Mitglied in der „Jungen Gemeinde", also der Jugendorganisation der Kirche zu sein. Sie sollte weiterhin ihren sofortigen Austritt glaubhaft bekannt geben. Den – wie andere Schüler uns später berichteten – sehr eigenartigen, für eine Diktatur aber hochtypischen Ausführungen des Direktors war das junge Ding nicht gewachsen. Sie soll wohl bereits in der Versammlung durch die heraufbeschworenen Gewissenskonflikte hilflos in Tränen ausgebrochen sein.

Ein anderes Beispiel der angeblich religionsfreiheitlichen Gesellschaft betraf meinen Sohn. Er war zwar der beste Schüler seiner Klasse. Da er am Religionsunterricht teilnahm, verweigerte man ihm den Zugang zur Oberschule. Ich begleitete ihn zu einem Gespräch hinsichtlich seiner möglichen Perspektive. Auf die Frage, was er sich als eventuelle Studienrichtung vorgestellt hätte, äußerte er: Medizin. Der Kommissionsleiter nun hatte sofort einen passenden Vorschlag für einen Beruf meines Sohnes parat: „Orthopädie-Schuster; das wäre doch so etwas Ähnliches"!!

Ein weiteres diesbezügliches Erlebnis hatte ich im Zusammenhang mit einem Programm, das ich mit zwei Mitgliedern meiner Kapelle auf Rentner-Weihnachtsfeiern darbot. Der abschlie-ßende Teil dieses Programm war natürlich das gemeinsame Singen etlicher bekannter Weihnachtslieder, begleitet von Klavier und Flöte. Zu unserer Überraschung wurden wir nach einigen Veranstaltungen zum Leiter der Abteilung Kultur des Stadtbezirkes zitiert. Dieser führte – unter Hinweis auf seine Teilnahme am spanischen Befreiungskrieg – in ernstem Ton aus, dass er sich in seinen auf diesen Feiern eingangs gehaltenen Reden sehr bemüht hätte, die alten Leute in Richtung eines angepassten Bewusstseins zu bewegen. Und dann kämen wir und sängen mit diesen Leuten die blöden christlichen Weihnachtslieder. Auch hier ein Ausrufezeichen.

So verging meine Kindheit in harmonischer und meine Jugend in etwas durchwachsenerer Art und Weise. Bis zum Examen würde ich bezüglich meiner Aus- und Weiterbildung von einer positiven Lebensphase sprechen. Echte Probleme stellten sich erst danach ein. Aber da gehörte ich schon zu den Erwachsenen.

# V.
# Zukunft

Die gute Zukunft fällt nicht vom Himmel, sondern
wir schaffen sie selbst, sie liegt in unserem Herzen
eingeschlossen...

*(Dostojewski, Das Gut Stepantschikowo)*

Die Zukunft ist voller Aufgaben und Hoffnungen.
*(Hawthorne, Der scharlachrote Buchstabe)*

Philipp Sonntag

# Riesig! Oh? Das Risiko Familie

Dieser Text war ursprünglich auf Anregung von Verleger Rainer Hengsbach *für ein neues Magazin LitOW im Beggerow Verlag gedacht*

„Mhm, weiter so!"
„Ja?"
„Ja, mach schon. Riesig!"
„Oh?"
„Keine Angst, das Zelt wird das schon aushalten"
„Keine Angst? Aber wenn wir ein Kind..."
„Ach na ja, also ich meine nein, wie..."
Im Zelt wurde es ruhig, geradezu beunruhigend. Nun unterdrücktes Schluchzen, Flüstern, ein Aufschrei:
„Ja aber, wenn doch?"
Regen nieselig, Gras grau, Decke dünn, Körper nassklamm. Beide Schutz suchend, in dieser Welt, von dieser Welt.

*Oh-Weh, Ost-West*

Was verraten unsere gespitzten Ohren, waren die beiden nun Ossis oder Wessis oder eine kommende „Mischehe"? Wer war Frau, wer Mann? Jung oder sehr jung? Egal, passt immer. So fangen Familien gerne an. Wir alle machen irgendwie mit. Was dann? Was kommt denn von all der Liebe dort an, wo es am meisten gebraucht wird, bei den Kindern? Sind sie die Hoffnung oder – so wie sich „riesig" und „oh" anhören, ein „Risiko"?

Wir als Familien reagieren unterschiedlich. Wir, sprich die Gesellschaft, sind nämlich nervös risikobereit, teils spontan gewaltbereit, dabei in unserer Verunsicherung nur zögerlich liebesfähig. Ein durch und durch tragisch-komisches Thema. Weder ein geflissenschaftlich ernster Text, noch eine bekennende Satire (je suis…) könnte der Fülle der Absurditäten auf diesem Planeten gerecht werden.

Wir spüren, der innere Frieden einer gesunden Familie, ebenso der äußere Frieden einer gewaltlosen Gesellschaft, beides gehört zusammen und fehlt dennoch allzu oft. Kein Wunder, wir verändern unsere Gesellschaft nämlich tausendfach schneller, als unsere Gene. Das schafft Spannung: Die Familie der Zukunft entwickelt sich eng zusammen mit ihrem Umfeld. Tiere haben im Vergleich zum Menschen nur ein Tausendstel der Generationenprobleme. Wir leben nervös und gefährlich. Besonders, wenn zukunftsweisende Lösungsansätze verpönt werden.

Die Herausforderung: Eine vom Alltag ausgehend liebevolle Gesellschaft würde kaum Risiken zulassen. Zum „Grundwiderspruch in der Liebe" notiert Dieter Duhm[3]:

„Die Liebe scheiterte bisher an ihrem inneren Widerspruch von Form und Inhalt. Ihre Form war die Ehe, die Zweierbeziehung und die Ausschließung Dritter. Ihr Inhalt

---

[3] Dieter Duhm: Der unerlöste Eros. Meiga Verlag, Radolfzell, (1991), S. 162

aber, ihre menschliche und sexuelle Energie, ihr inneres Glück, ihre Quelle und ihr Ziel, lässt sich nicht an einen einzigen Menschen binden, denn sie ist auf Mitteilung, auf Weitergabe und auf Expansion angewiesen."

Gregor Gysi hat mal (ich sah es im TV) betont: „Eines konnte man in der DDR, eine Familie verlassen und sich einen neuen Partner suchen". Aber wie funzt eine sozialistische Familie? Das wollte ich schon vor 50 Jahren wissen. 1958 wurde mir mit dem Abitur die „sittliche Reife" attestiert. Passt schon, denn in der ganzen Schulzeit gab es unter uns Pubertierenden nur eine einzige Schwangerschaft. Eine wahnsinnliche Leistung.

Vor dem Hintergrund hatte keiner gemerkt, wie ich als ein genuin liberaler Typ mit den Reizen des Kommunismus flirtete. Erst recht keiner ahnte, wie ich zwischen „riesig!" und „oh?", will sagen zwischen spätpubertären Allmachts- und Ohnmachtsanfällen hin und her schwankte: Im obersten Sowjet in Moskau waren mehr Ingenieure als andere Berufsgruppen, was für eine Moderne! Dann der Sputnik, kein Wunder. Ich las fast alle 762 Seiten von Bochenski/ Niemeyer: „Handbuch des Weltkommunismus"[4], was wohl zu meiner bescheidenen „3" im Religionsabitur beigetragen haben mag.

Ich studierte seriöse Physik und verheimlichte dort mein wissenschaftliches „Fremdgehen", war ich doch viele Stunden bei meinen inniglich geliebten „politischen Wissenschaften" aktiv. Und ich studierte verschämt in Lexika die biologische Fortpflanzung.

---

[4] Bochenski, Joseph M.; Niemeyer, Gerhart. Hrsg. Handbuch des Weltkommunismus. Freiburg Br.: Alber, 1958. IX, 762 S.

Und sozialpsychologisch unlogisches Chaos. Meine jugendlich liebevolle Suche fand viele lieblose Probleme. So konnte ich allmählich besser einordnen, dass ich in meiner eigenen, zerrissenen Familie „wie in einem mürrischen Hotel" wohnte. Ähnliches beobachte ich bis heute in vielen verunsicherten Familien und ihrem verwirrend bedrohlichen Umfeld.

Ich verstehe mich als Zeitzeuge so: Meine alten Erfahrungen haben meinen aktuellen Blick auf Gegenwart und Zukunft geprägt. Sie haben mich wacher und alarmbereiter gemacht, Gefahren womöglich im Voraus zu erahnen. Die Erfahrungen haben mich dabei zufriedener und dankbarer gemacht. Unverzichtbar bleibt die wache Beobachtung des Umfeldes. Am 11. März 2015 wurde dem Berliner Senat ein Berliner Familienbericht übergeben, vom Berliner Beirat für Familienfragen[5]. Da heißt es kurz gesagt: Im Vergleich zu früher gibt es nur (!) paradies-nahe Luxusprobleme, da sollen auf Grünflächen bessere Toiletten und mehr Müllentsorgung sein, da sollen Arbeitgeber wegen Familienleben flexiblere Arbeitszeiten einräumen, da möchten Regenbogenfamilien, also homosexuelle Paare, in mehr Kiezen sorglos spazieren gehen können. Das ist alles vernünftig, aber keineswegs selbstverständlich und schon gar nicht zukunftssicher. Ein wahrer Knaller ist der „Deutsche Pflegetag" vom 12. bis 14. März in Berlin[6]: Was es da alles schon gibt, was noch dazu alles gefordert und „erwartet" wird, das ist gigantomanisch. Ich wünsche mir eine Studie: Würde man heute

---

[5] Merle Colett und Thomas Loy: Wie wir leben wollen. Bürgerämter funktionieren gut, die Schulen eher nicht – die Forderungen des neuen Familienberichts. In: Tagesspiegel 12.3.2015, S. 24

[6] https://deutscher-pflegetag.de/

ein Zehntel dieser Kosten, dieser chronischen Linderung von Symptomen, in Prävention stecken, könnte das in Zukunft vielleicht zwei Drittel der Kosten sparen? Zumindest könnte man dies mit Bürgern mal in einer Zukunftswerkstatt[7] besprechen. Mit Beispielen wie: In der Gesundheitspolitik ist Prävention als sinnvoll für Mensch und Finanzen angekommen. Die Lobby-Vertretungen der Ärzte (keineswegs „die Ärzte") verdrehen dies ins Gegenteil, indem z. B. die Grenzwerte für Cholesterin laufend so verändert werden, dass immer mehr Menschen „präventiv" Medikamente einnehmen sollen, mitsamt „Zu Risiken fragen Sie …". Präventiv wäre eigentlich: Gesündere Familien, durch gesündere Lebensweise, ohne irrwitzige Erhöhungen der Krankenkassenbeiträge.

## Wir glauben an die Wahrscheinheiligen

Wir leben im Hier und Jetzt in der guten alten Zeit, das mag nach Klimakatastrophen bald voller Wehmut über uns gesagt werden. Genießen wir diese Zeit, riesig wie sie ist, oh ja! Wer will, ist geistig frei – oder stattdessen vom Konsum berauscht, oder sexuell genüsslich, oder religiös anschmiegsam – oder er versucht alles zugleich. Die Atomtechnik werden wir so schnell nicht los, zivil sind wir nach wie vor ebenso gefährdet wie militärisch[8]. Nach den etwas größeren atomaren Katastrophen werden dann die Staatsgrenzen irrelevant. Neu beachtet werden dann die Grenzen von Regi-

---

[7] Netzwerk Zukunft, siehe www.netzwerkzukunft.de
[8] IALANA Deutschland: Ahrweiler Erklärung – Wider der atomaren Abschreckung, siehe www.ialana.de

onen mit mehr oder weniger Radioaktivität, die Anarchie lässt grüßen. Potenziell sind wir reich, praktisch leben wir risikoreich:

Für Nuancen des Luxus gehen wir existenzielle Risiken ein.

Zur Nuance gehört, dass die meisten Menschen nur einen Hauch von Luxus erhaschen. Etliche bereits absehbare Klimaveränderungen wirken irgendwann breit und katastrophal. Die Wahrscheinlichkeiten sind längst berechnet, jeder könnte sie lesen, wenn auch mühsam.

Stattdessen haben wir uns lieber betulich bürgerlich an die Wahrscheinheiligen gewöhnt. Diese von Politikern bevorzugte (bezahlte) Gattung Wissenschaftler hilft uns, die Gefahren zu verdrängen. Auch sie präsentieren Statistiken, es ist möglich, aber aufwendig sie zu widerlegen. Rechtsstaat heißt (noch lange) nicht, dass ein Unheil bezeichnet und dann beseitigt würde. So verursachen wir weiter die kommenden Katastrophen, und einige davon können wir später kaum je rückgängig machen. Nicht jede prophezeite Klimaveränderung wird drastisch eintreten, aber in der Summe werden die Grundlagen der Gesellschaft so oder so entzogen. Es müsste keineswegs sein, es ist unser aller Machwerk, jeder, sogar Kinder und Jugendliche können etwas tun, wie eine große Menge Bäume pflanzen, noch besser wäre Ursachen der Misere zu beseitigen, wie[9]:

„Heute holen wir an einem Tag so viel Kohlenstoff in Form von Erdöl, Erdgas und Kohle aus der Erde, wie die Sonne in einer Million Tage dort gespeichert hat. Dieses

---

[9] Felix Finkbeiner: ALLES WÜRDE GUT. Wie Kinder die Welt verändern können. Eine Streitschrift. 47 S., pro Heft nur 1.- € siehe www.plant-for-the-planet.org

$CO_2$ als Ergebnis unserer Energieproduktion ist eine Hauptursache für die Klimaerwärmung" (S. 37)

und auf S. 22

„Nachdem die Banker die ganze Volkswirtschaft fast ruiniert hätten, beruft die Politik zur Rettung des Finanzsystems die Banker als Ratgeber."

Dies sorgt laufend für wachsende Armut der Familien. Ein strukturell grundlegendes Beispiel ist die Zerstörung der Infrastruktur durch deren Vergabe an die Finanzbranche. Aktuell zur Vorbereitung so einer Aktion hatte der Wirtschaftsminister (Sigmar Gabriel) prominente Vertreter der Finanzbranche eingeladen[10]:

„Der Staat privatisiert sein Straßenmonopol und übergibt es der Finanzbranche, die für den Bau und Betrieb der Strecken so viel Maut fordern darf, wie sie für angemessen hält. Das wären „etwa sieben Prozent", wie Markus Faulhaber, Chef der Allianz-Lebensversicherung, dem Tagesspiegel sagte, also 6,5 Prozent mehr, als nötig wären, wenn der Staat den Straßenbau wie bisher auf Kredit finanziert."

Die am schlimmsten verarmten Familien ahnen und verdrängen solche Zusammenhänge. Noch halbwegs geborgen in einer modern-nervösen Familie, oft nur noch erträglich durch hohe – zumeist ehrenamtlich unbezahlte – eigene Leistung, machen wir uns gerne vor, alles sei halbwegs in Ordnung, irgendwie im Griff. Die Vorahnung ist da, nur Panik und ein „Rette sich wer kann" scheint momentan für die meisten noch verfrüht zu sein, es wäre jetzt nicht vornehm, wir warten lieber, bis ein anderer damit anfängt. Obwohl die Verhinderung genau jetzt sein müsste. Schlech-

---

[10] Harald Schumann: Die Minister wollen der Finanzbranche die Infrastruktur geben. In: Tagesspiegel 27.2.2015, S. 6

te Gewohnheiten sind menschlich. Immer wieder kann man beobachten: Das Gewohnheitsrecht bricht jedes andere Recht.

### Chronische und plötzliche Katastrophen

Es geht um „chronische Katastrophen", an die man sich aus Gewohnheit mit ein wenig „chronischer Linderung" geringen Ausmaßes gewöhnt hat. Viel weltweit unnötiges Elend von Familien kann hieraus erklärt werden.

Die privatisierte Infrastruktur „Banken" nimmt etwa 40% der Wertschöpfung, 5% wären für deren „Leistung" genug und weitaus besser zielführend. Wäre der Maximallohn auf zehn oder zwanzig Mal den Betrag des Mindestlohnes begrenzt (in einer Firma, in einem Staat oder dergleichen), so würden die Top Manager sehr schnell für enormes Ansteigen des Mindestlohnes sorgen. Weil sie nämlich ihren Familien wenigstens ein gewisses, durchaus brauchbares Lebensniveau bieten wollen.

Ab welcher Spanne ist der Unterschied Arm/Reich peinlich? Volkswagenchef Martin Winterkorn hat einen Monatslohn von einer Million Euro[11] und es kommen jährlich noch ein paar Millionen Boni hinzu, während eine Näherin in Bangladesch knapp 50 Euro im Monat verdient. Das Verhältnis ist 20.000:1, in Worten Zwanzigtausend zu Eins. Ein-Euro-Jobber hat für seine Arbeit ähnliche Willkür. Was braucht die Familie von Martin Winterkorn? Es

---

[11] Winfried Rust: Abolish Poverty. Die Erzählweisen über Armut ändern sich, die Armut bleibt. In: iz3w Mai/Juni 2013, Seite D4

geht ja nicht nur um Bezahlung. Nehmen wir an, er hätte die Arbeitsbedingungen der Näherin[12]:

„Selbst bei gleichen Löhnen würde Winterkorn wohl kaum mit der Näherin tauschen wollen: Die Näherin arbeitet in einer ungesunden Körperhaltung im Akkord, ist Beschimpfungen durch die Chefs oder Umweltgiften ausgesetzt und hat keinen Einfluss darauf, was wie produziert wird. Das Prestige, das sie erlangt, ist niedrig. Und sie kann willkürlich und jederzeit eine Kündigung erhalten. Winterkorn würde die Managerstrapazen immer vorziehen, um die Produktion zu gestalten, anstatt ihr ausgesetzt zu sein."

Was bedeutet das? Könnte/müsste seine Familie für ihren Ernährer wählen zwischen Arbeitsbedingungen wie die Näherin bei einer Million Lohn, oder Arbeit wie bisher bei jedoch „nur" 20.000.- Euro pro Monat, würde sie menschlich, menschenrechtlich – wie auch immer – mit 20.000.- vermutlich zufrieden sein. Zwei Prozent des Bisherigen. Immer noch mehr als das Zehnfache des Mindestlohns bei uns. Aber solche Veränderungen findet in kaum einem System statt, obwohl das Bewusstsein (fast) überall da ist, so zitiert Valentin Falin aus einer Denkschrift von 1986 aus der Sowjetunion, in der diskutiert worden war, das eine „radikale aufwandsenkende Wirtschaftsreform" lebenswichtig war[13]:

„Alle Teilverbesserungen des Wirtschaftsmechanismus (die wichtig und notwendig sind) bedeuten nur, dass wir die Kunst, im Handstand gehen zu lernen, weiter perfektionieren …"

---

[12] Ebd.

[13] Valentin Falin: Konflikte im Kreml – der Untergang der Sowjetunion; BEBUG 2014, (Karl Blessing Verlag 1997), S. 53

Es ist nicht eine Frage von gutem Willen allein, sondern auch von guter Organisation. Sogar uralte Familienprobleme, etwa wie vertragen sich Jung und Alt, werden in Sozialwissenschaften und Industrie effektiv gelöst, Motto[14]: „Altersbedingte Teamarbeit funktioniert, wenn ...".

Nach plötzlichen (nicht chronischen) Katastrophen sieht das jeweils anders aus. Man „wundert" sich, empfindet die Welt und ihre Götter als ungerecht. Dieses Verhalten ist derart kafkaesk absurd[15], dass es schwierig ist die nüchternen Sachverhalte emotional angemessen zu beschreiben.

Deshalb ein kurzer Exkurs:

Das Absurde merke ich, sobald ich mit meiner Zeitmaschine eine späte Horde Saurier zum Mondschein-Pfefferminz-Cocktail besuche und denen erkläre, wie wir Menschen uns hier so gebärden und gefährden. Das schlägt dort jeden Horrorfilm. Die Dino-Saurier schafften es nämlich, 175 Millionen Jahre zu überleben. Kein Wunder, dass diese Saurier komisch finden, wie wir erst bei Religion, dann bei Ideologie hübsche Gebote formuliert haben, die wir dann hässlich gar nicht einhalten. Wie so eine Horde von zwanzig Dino-Sauriern bei meinen Berichten über uns Menschen einen Kicher-Anfall bekommt, also das hat mich schon beeindruckt. Schließlich stammt ja die Erkenntnis:

„Die Selbstgerechten begehen die größten Sünden"

wie (fast) jedes Lebewesen weiß, von den Sauriern. Und wenn man so eine Weisheit versteht, und sie trotzdem nicht zur Risikobegrenzung anwendet, das ist eigentlich irrsinnig

---

[14] Jürgen Wegge und Franziska Jungmann: Erfolgsfaktoren der Zusammenarbeit von Jung und Alt in einem Team. In: DZA: Informationsdienst Altersfragen 42 81), 2015, S. 5

[15] Siehe www.soziologie-mit-kafka.de

komisch, meinen die Saurier; das ist ein blöder Witz, grummeln wir Menschen.

*„Oh, wie so trügerisch...*

...sind Weiberherzen" – was uns fehlt wäre eine Oper wie Rigoletto zu Managerherzen. Große Verschwender übertreffen als schauspielerische Wichtigtuer alle Medien-Stars. Sie werden vom Staat andächtig finanziell gefüttert. Riesig und oh, das Risiko ist sozialisiert. Arme Familien zahlen, reiche Familien kassieren, immer weiter. Es nützt nichts, wenn die bestbezahlten Hedgefonds-Manager genüsslich aufgelistet werden[16]. Nach wie vor verdienen einige über eine Mrd. Euro jährlich, und die Politik garantiert diese Unsitten wie bekannt. Auch sonst gilt mit Hamlet: „Ist dies schon Wahnsinn, so hat es doch Methode".

Für welche Familienmitglieder muss eine Familie haften? Verursacht der Vater als Politiker selbst „fahrlässig" Schäden in Höhe von Milliarden Euro, kann ihn weniger Strafe erwarten, als seine 15-Jährige Tochter, die bei Woolworth (vorsätzlich!) einen Plastik-Kamm für einen Euro klaut. Nachdem wir (alle) ihr wenig Taschengeld gegeben hatten. Sämtliche Parlamentarier sind automatisch genüssliche Selbstbediener. Politiker Klaus-Rüdiger Landowsky hätte als Vorstandsmitglied der Landesbank Berlin gegenüber seiner Stadt mehrere Milliarden Schaden zu verantworten. Der Gerichtsprozess traf ihn überraschend, denn er fühlte sich in guter Gesellschaft mit vielen anderen etablierten Politikern. Beim Gericht wurde gedeutet: Er habe im Gesetzes-

---

[16] STERN 7/2011, S. 24

rahmen nicht vorsätzlich gehandelt und auch nicht wider besseres Wissen – na woher denn wohl … es ist Mode, Politiker mit solchen Posten „zu versorgen", anstatt Fachleute zu holen. Landowsky agierte nicht vorsätzlich, (das ergäbe eine Verurteilung), sondern gemäß Richterin allenfalls grob fahrlässig – das darf er. Das gilt auch für jene gesellschaftlichen Spaßvögel, die unsere Politiker wie bei BER auf Posten setzen, denen sie fachlich nicht gewachsen sind.

Riesig? Ohwei!


*Gewohnheitsrecht kann jedes andere Recht brechen*

Verantwortungslosigkeit kann zum effektiven Gewohnheitsrecht werden. Das verschleiert die Umstände von Willkür und so kann Gewohnheitsrecht grundsätzlich jedes andere Recht brechen – mitten im Rechtsstaat. Der Mensch lernt schnell, sich darauf einzurichten. Folgerichtig sind so auch die sonstigen Verantwortlichen in Banken, Senat, Finanzamt, Rechnungshof allesamt gewohnheitsrechtlich frei, sich (sprich: gegen uns) weiterhin Übergriffe zu leisten, wie amtlich etwa hohe Gewinngarantien für 25 Jahre an Profiteure zu vergeben und/oder zu tolerieren. Da fühle ich mich bundesverfassungslos, aber nein, alles wurde erst allerhöchst-staatlichst arrangiert und dann amtlichst bestätigt. Nichts verschleiert Unrechts-Praktiken so hingebungsvoll, wie gekonnter, gewohnheitsmäßiger, genauer gewohnheitsrechtlicher Missbrauch von Rechtsstaat.

Ein ähnlich wirksames Gewohnheitsrecht verursacht ökologische Schäden. Und zwar riesig, oh ja! Die Politiker lässt man in Ruhe. So wird Politiker Klaus Wowereit keinen Verdienstorden bekommen, obwohl die Verzögerung des

BER viel Flugverkehr verhindert, ökologisch lobenswert. Ebenso wird er weder vor, noch in, noch nach dem Bau des Großflughafens BER juristisch wegen der Verzögerung und hoher Staatsausgaben belangt werden. Was fehlte, war ein Konzept des BER als sparsames Kunstwerk, so wie eine Oper für 100 Millionen Euro. Das hätte bei Wowereit gut gepasst.

Wir bekommen einen kommerziell geführten Flughafen für unnötige, spritfressende Flugzeuge, obwohl und während auch Berlin von Klimaänderungen mit betroffen sein wird. Sobald die Katastrophe eingetreten ist, gibt es zu viele Verursacher, die alle durch eine Art Gewohnheitsrecht geschützt werden. Kein anderes Recht ist so praktisch wie das Gewohnheitsrecht, sogar ohne Gesetzestext kann es praktisch, gesellschaftlich unpraktisch, jedes (!) andere Recht außer Kraft setzen. Das Gewohnheitsrecht ist nicht grenzenlos unsinnig (ein Politiker kann es immer irgendwie begründen), sondern hemmungslos. Der Politik und Verwaltung genügt zur Anwendung schon eine Verwirrung:

In irritatione pro institutione.

Ein Beispiel ist der Politiker und Lobbyist Matthias Wissmann, Präsident des Verbandes der Automobilindustrie. Seine Familie hat keinerlei Kostenerstattung oder sonstige Bestrafung für seinen unverhüllten Beitrag zur Umweltverschmutzung zu befürchten. Er „strahlte wie ein Satz polierter Chromfelgen in der Wintersonne"[17], als er den leicht verringerten $CO_2$ Ausstoß deutscher Pkw erwähnte – während die Anzahl der verkauften Autos nachhaltig steigt und die schweren deutschen Autos keineswegs

---

[17] Kevin P. Hoffmann: Drei Prozent mehr Sauberkeit. In: Tagesspiegel 3.2.2011, S. 17

vorbildlich sind. Verkehrsminister Peter Ramsauer meinte, der Güterverkehr werde bis 2025 um 80 Prozent steigen, der Transitverkehr sogar um 150 Prozent – trotzdem wollte er dies erleichtern, nicht verhindern[18].

Nicht mal akut erkennbare gesellschaftliche Schäden gefährden ein Gewohnheitsrecht. Übliche Deutungshoheit ist strukturell unflexibel und selbstgerecht. Die Gewohnheiten fest etablierter Willkür berichtet Justyna Polanska auf jeder Buchseite; ein Beispiel ist Schwarzarbeit, da ist zum Beispiel Tanja K, Sie ist Richterin und meinte beim Einstellungsgespräch ihrer Putzfrau:[19]

„Sie wurden mir als verschwiegen empfohlen. Ich muss mich hundertprozentig darauf verlassen können, dass Sie niemandem – und ich meine NIEMANDEM – von Ihrer Tätigkeit für mich erzählen. Ansonsten bekommen WIR BEIDE große Probleme!“

Die Richterin hat wie alle anderen nichts zu befürchten. Aber Peinlichkeiten möchte sie doch vornehm vermeiden. Das Bewusstsein für Fehlverhalten ist vorhanden. Aber man gewöhnt sich dran, so wie ein Autofahrer 70 km/h fährt statt erlaubten 50 km/h, und der vor ihm und der nach ihn ebenso. Mit dieser harmlosen Gewohnheit geht man dann existenzielle Risiken ein, und hat kein Gespür dafür. Niemand sagt, niemand hört: „Du gefährdest deine Familie“, etwa durch eine unnötige Klimaveränderung.

---

[18] http://www.dvz.de/news/politik/artikel/id/ramsauer-erwartet-drastischen-anstieg-der-verkehrsleistung.html

[19] Justyna Polanska: Unter den deutschen Betten – eine polnische Putzfrau packt aus. Knaur, Jan. 2011, S. 89

*Oh, wie so verführerisch...*

...sind unsere Herzen, und doch zögern wir noch wie mit Karl Valentin: „Mögen täten wir schon wollen, aber dürfen haben wir uns nicht getraut". Unsere Gesellschaft trieft vor wild wuchernden Risiken. Das zeigt allein schon die bittersüße Erotik und Sexualität, wie sie am Anfang dieses Artikels die beiden Jugendlichen im Zelt so märchenhaft beginnen durften, um alsbald wie Geisterfahrer in einer Geisterbahn wild durch die Gegend zu taumeln. Die Betroffenen haben kaum eine Chance, die Fülle der gesellschaftlichen Einschränkungen, der im Grunde unnötigen Risiken realistisch wahrzunehmen.

Was tun, Zelte verbieten? Aber nein, ich liebe die beiden, ohne solche Typen wären wir längst ausgestorben. Liebe Geborene, jetzt mal kurz diskret: Liebe LeserInnen, mal ehrlich, wie war es denn bei euch? Hierzu notiert Ernest Bornemann in seiner typischen „68er" Publikation wilde Befreiungsphantasien, im Protest gegen all die Einschränkungen, sinngemäß kurz etwa so[20]:

- auf dem Höhepunkt der körperlichen und geistigen Zeugungsbereitschaft darf man keine Kinder haben, und gemäß „Erwachsenen" auch „eigentlich" noch keinen Sex
- schon vorher in Familie und Schule wurde Sex wie ein böser Geist behandelt, den es auszutreiben gilt, und sei es in der Art des Exorzismus. Die Spannung zwischen Wollen und Dürfen erzeugt tief innen – nach Papa Freud – unbewusste Spannungen, die zu Neurosen führen, nicht zuletzt später zur Unduldsamkeit mit eigenen, munter pubertierenden Kindern.

---

[20] Ernest Bornemann: Lexikon der Liebe", List Taschenbücher, 1968

- Willkürliche Gesellschaftsformen erzeugen zugehörige Neurosen, dies ist ein soziales Phänomen, hingegen ist die individuelle Schuld ein Konstrukt der Strafjustiz. In diesem Sinne sieht Bornemann die Monogamie als eine Abart des Zölibates und als der menschlichen Natur fremd. Bereits Hegel hat notiert, dass die Rechtsordnung durch das Phänomen ihres Daseins den Verstoß gegen sich selber produziert. Dieses Risiko entsteht aus seiner eigenen Inszenierung und Zelebrierung. Dabei kann man die breit geheuchelte Monogamie nur mit heimlich aktiver Polygamie gesundheitlich einigermaßen aushalten.

- In der DDR wurde 1968 mit einem neuen Strafgesetzbuch in diesem Bereich ein vorbildlicher Rechtsstaat etabliert. Das Sexualstrafrecht wurde von einer Fülle von Willkür befreit, nur noch gewaltsam erzwungener Geschlechtsverkehr blieb ein Anlass für Strafe, ebenso Missbrauch von Abhängigkeit und sexuelle Handlungen, die als Erwerbsquelle dienen (Ausnutzung der Prostitution). Es geht also nicht mehr um Vergeltung, welche in den Gefängnissen jegliche Rehabilitation im Ansatz verhindert, wie trotz aller Beteuerungen in der BRD weiterhin üblich. In der Praxis hätte eine derartige Umstrukturierung in der DDR – wie in jedem anderen Land – etliche Gewöhnungsarbeit erfordert. Bornemann schreibt im Lexikon auf Seite 406 bei „Strafrecht in der DDR" suggestiv: „Für jede Straftat ist der Staat selber verantwortlich, denn er hätte sie verhüten müssen. Dies ist ein Rechtskonzept von äußerst fortschrittlicher Natur, das einschneidende Folgen im Rechtsdenken aller Länder haben wird."

Soviel zum „Unrechtsstaat", einem Begriff, zu dem man weltweit immer noch in jedem Staat Passendes und Unpassendes findet, je nach Bereich. Sobald jedoch ein Staat sich die Rolle eines Unschuldsengels anmaßt um einen anderen als „Unrechtsstaat" zu verteufeln, da kann das recht peinlich werden. Sicher ist Deutschland ein vorbildlicher Rechtsstaat etwa im Vergleich zur Zeit der Inquisition und des Nazi-Regimes, und derzeit im Vergleich zu etlichen chaotischen Staaten weltweit, soweit ok. Aber wenn man unbedingt die DDR hart verurteilen will, dann sollte man erst mal prüfen, ob das Unrecht in der DDR quantitativ in der Zahl der hart Betroffenen ein Tausendstel oder ein Hundertstel des Unrechts während des Nazi-Regimes beträgt. Oder prüfen, ob die Anzahl der Toten und Verletzten an der Mauer höher oder niedriger ist als die Anzahl der durch Nazis seit 1945 Verletzten und Toten, welche auf Versäumnissen eines Verfassungsschutzes im Westen beruhen, der immer wenn er nicht Bescheid weiß Morde den Linksradikalen zurechnet.

Aber wozu das alles untersuchen? Das ist etwas für kalte Krieger. Nur die wollen nicht wissen, wie praktisch jeder Staat hingebungsvolle Willkür gegen jene ausübt, die er als Feinde seines Systems zu erkennen meint – eine Struktur, deren Überwindung global noch nicht richtig begonnen hat. Dieser Typ kalte Krieger stellte in der BRD in den Jahren nach der Wende weit schneller und weit höhere Summen zur „Offenlegung des Unrechtes" der DDR bereit, als die „Demokraten" der BRD nach 1945 zur Aufdeckung der Verbrechen der Faschisten. Zusammen mit dem Typ kalte Krieger sollten wir alle uns aufregen und engagieren für die global Ärmsten, für die Kinder von verzweifelten Familien, ein akutes Beispiel sind global die KindersoldatInnen, für die wir alle im Moment Zeitzeugen sind[21]:

„Kinder üben Gewalt aus und werden Opfer von Gewalt. Sie töten Menschen und werden selber verletzt oder getötet. Doch werden Kinder ja nicht umsonst rekrutiert: Sie sind gehorsamer, einsatzbereiter, auch gewissenloser, wenn eine bestimmte Stufe überschritten ist. Sie werden erniedrigt und unterworfen, und sie werden den größten Gefahren ausgesetzt. So werden sie meist in den vorderen Reihen eingesetzt oder auf Minenfelder vorgeschickt. Bei der Rekrutierung werden viele ZeugIn davon wie Familienmitglieder oder FreundInnen ermordet werden. In manchen Gruppen werden die Kinder sogar gezwungen, sich daran zu beteiligen. Werden sie gefangen genommen, werden sie nicht wie Kriegsgefangene behandelt, sondern wie Schwerverbrecher, sie werden gefoltert und getötet."

Haben wir irgendwas damit zu tun? Nun, zum Beispiel dulden wir den illegalen gigantischen Waffenexport aus der BRD – bis wir zum Beispiel im Wahlkampf mal nachfragen, was die Positionen der Parteien sind. Bis wir einen Wahlkämpfer fragen, ob er denn bereit wäre, „für einen eigenen Job bei einer Rüstungsfirma den eigenen Sohn als Kindersoldat zu opfern". Also ob er bereit wäre, für eine Nuance des eigenen Luxus eine Beihilfe zu einem der schlimmsten Verbrechen zu leisten – und wenn er nicht verstehen will, lesen Sie ihm das Zitat „Kinder üben ..." vor. Rüstung kostet fast immer mehr, „als gedacht". Wobei es natürlich Familien gibt, welche vom Gewohnheitsrecht Ver-

---

[21] „Ihr Leben ist wertlos" – Interview mit Michaela über KindersoldatInnen. S. 9 in: Geächtet und doch verbreitet – Zwangsarbeit und Sklaverei. Heft Juli/August 2006 von iz3w – informationszentrum 3. welt

172

schwendung, genauer vom kafkaesken Gewohnheitsrecht Absurdität profitieren[22]:

„Ein für viel Geld in Deutschland gekauftes Radarsystem bereitet der Schweizer Armee Ärger. Beim Einsatz in den Bergen halte das System etwa eine am Hang umherlaufende Kuh für ein feindliches Objekt ... Ursprünglich hätte das System, für das die Schweiz ... fast 280 Millionen Euro zahlte, 2016 starten sollen. Stattdessen wird es nun bis mindestens 2020 dauern."

Hätten stattdessen Schweizer Familien den Familien möglicher Feinde Milch, Käse und Probe-Urlaub geschenkt, wäre der Feind lieber als Tourist gekommen und froh, dass er noch nichts zerstört hat.

In unseren Wirtschaftssystemen: Volle Bereinigung von viel Unheil wäre machbar, jedoch nicht einfach. Denn Schäden und Risiken sind zwar oft eine Folge erkennbarer gesellschaftlicher Willkür, dennoch bringt ein Versuch der Beseitigung von Willkür teils wiederum neue Risiken mit sich. 1960 war ich als Münchner zu Gast in Ostberlin und staunte über einen Radiobericht. Eine Jugendliche hatte abgetrieben und wurde öffentlich, im Radio angeklagt: Ihr Verhalten sei bürgerlich veraltet, sei noch durch die völlig überholte kirchliche Vorstellungen von Schande usw. geprägt, sie hätte doch bemerken müssen, dass die sozialistische Gesellschaft ihr in jeder Hinsicht geholfen hätte, dass sie als Mutter mit ihrem Kind rundum willkommen gewesen wäre. Ich fand das vorbildlich, zukunftsweisend. Nur störte mich, der ich 21 Jahre alt war, die vorwurfsvolle Art, welche die verschüchterte Jugendliche in die Enge trieb und

---

[22] Neues Radarsystem der Schweizer Armee hält Kühe für Feinde. Notiz in: Tagesspiegel 15.3.2015, S. 32

eine Flut von Tränen auslöste. Immerhin war dies damals der Beginn einer allmählichen Überwindung der nicht mehr zeitgemäßen Sexualmoral.

Voraussetzung bei jeglichen Modernisierungen ist eine umfassende Unterstützung von Selbstständigkeit, Willensfreiheit, Toleranz und Wissen. Lust und Frust sollten von realen Risiken bestimmt werden. In diesem Sinne wurden starre Glaubenssätze der Sexualmoral ersetzt durch eine „Verhandlungsmoral" oder „Konsensmoral", bei der die Interaktion von Sexpartnern im Vordergrund steht: Erlaubt ist, was Risiken begrenzt und beiden gefällt. Dabei ist Pflicht, sich klar zu äußern[23], sich einander zuzuwenden. Eine erst noch zu etablierende Pflicht wird sein, die gemäß Grundgesetz §1 geltende Würde des Menschen als unantastbar auch für Kinder einzuführen, ein Beispiel: Kinder brauchen weit mehr Mitspracherecht bei drohender Scheidung. Denn als Voraussetzung für dereinst „erlösten Eros" gilt eine Erlösung von Missständen[24]:

„Neben der Apokalypse im Großen, wo eine Welt zerbricht, gibt es auch die Apokalypse im Kleinen, wo dem Kind eine Welt zerbricht. Das Kind steht oft fassungslos vor dem Beziehungsclinch seiner Eltern. Es spürt zum ersten Mal die Gefahr des Verlassen-Werdens. Seine Herzenswünsche werden von den Eltern nicht mehr wahrgenommen. Es wird mit Geschenken überhäuft und gleichzeitig abgestellt. Es merkt, dass die Eltern nicht die Wahrheit sagen."

Die Herausforderung ist enorm, denn gesellschaftlicher Wandel hat ein atemberaubendes Tempo, während „Gesell-

---

[23] Günter Schmidt: Sexuelle Verhältnisse, rororo 60234, (1998), S. 11

[24] Dieter Duhm: Der unerlöste Eros. Verlag Meiga, Radolfzell, (1991), S. 19

schaft" und „Familie" sich nur mühsam und träge ändern mögen. Wir können nur durch besondere Anstrengung mit den Spannungen leben. Die Evolution hat der Familie enorme Kraft mitgegeben, frei nach Hölderlin formuliert:

Wo Gefahr ist, wächst die Familie über sich hinaus.

Dies gelingt nur mit besonderer Bemühung:

Alles Große in unserer Welt geschieht nur, weil jemand mehr tut als er muss. (Hermann Gmeiner / SOS Kinderdörfer).

Kinderdörfer greifen Tugenden und Power der Familien für die Gesellschaft auf. Ansonsten ist es in einer Gesellschaft zumeist schwieriger als in einer Familie, Frieden und Ordnung zu bewahren: Ein naheliegender Reflex, bis hinein in den militärischen Bereich, sind Gewaltmaßnahmen, Vergeltungsmaßnahmen, Abschreckung, also Panik vor, in und nach Risiko.

Das Gegenteil wäre die menschliche Zuwendung. Sie soll und kann die Dynamik der Zukunft sein, denn:

- jeder könnte weit mehr Liebe brauchen, als er bekommt
- und jeder könnte weit mehr Liebe geben, als er los wird.


Das wäre riesig. Oh ja, es wäre eine historische Wende zum besseren Umgang mit existenziellen Risiken. Unsere Familien könnten wieder so liebevoll werden wie die meisten Tierfamilien. Es wäre so gut die eigene Gesellschaft bewahrend, wie es zum Überleben notwendig ist. Und es wäre seelisch wie körperlich eine paradiesische Zukunft.

Philipp Sonntag alias Zeitmaschinennavigator Phila

# Familie aus der Zukunft

*Talkshow aus dem Fern-Spüren vom Jahr 2109,*
*down geloaded nach 2015.*

Moderator Al Schnucki ben Hacki ibn Kabelsalat: Ich
begrüße mit Respekt einen geläuterten Terroristen, Harun
al Raschid. Und ich freue mich besonders über Ernest und
Saul, zwei Ein-Fühlige, welche Lebewesen aus anderen
Zeiten einfühlsam improvisieren. Sie geben praktisch die-
selben Antworten, wie die Originale. Hätten wir uns diese
Natur-Lebewesen (mitsamt Körper) für die Sendung her-
geholt, das wäre mit den Zeitmaschinen teuer geworden.
Aber es geht auch so, denn unsere Neurobiologen können
die Sprachfähigkeit früherer Lebewesen geradezu künstle-
risch programmieren: Das ist ein Genuss, da bin ich mir
sicher, für Millionen Zu-Spürer unseres modernen Senders.

Ganz anders war es vor hundert Jahren beim sogenannten „Fern-Sehen". Da gab es nur grobe, äußerliche Anhaltspunkte, was ein Lebewesen wirklich spürt.

Sogar im intimsten Raum, in der Familie, konnte man
zwar Körper sehen, mal nackt mal bekleidet, aber Telepathie
wurde weder dort, noch in der Grundschule eingeübt. So
gab es Stress in Familien, ziemlich heftig sogar, lange vor
der großen Klima-Katastrophe von 2098. Was war damals
Stress? Ich frage Ein-Fühler Ernest Bornemann, der mit sei-

nem „Lexikon der Liebe" eine Art „zurück zur harmonischen Natur" gepredigt hatte.

Ernest Bornemann: „Gepredigt? Oh je, nein, ich doch nicht. Gepredigt wurde aus Kirchen, von Ämtern, durch etliche Familientherapeuten, dass dem Mensch seine Sünde verboten ist. Sünde war, wonach der Mensch Sehnsucht hatte. Das Verbot machte es besonders reizvoll. Stress war, was er dann durch Vorwürfe erdulden musste. Die Folge waren Krankheiten wie Eifersucht, und so mancher musste sich im eigenen Gewissen mit sexuell ausgefallenen, „bösen" Wünschen herumschlagen. Wenn er Glück hatte, fand er einen Weg wie Sado/Maso, um den Stress auszuagieren.

Al Schnucki ben Hacki ibn Kabelsalat: Aber schon vor 2098 war doch das schematische Konzept von Gut und Böse durch die Neurobiologie aufgelöst worden.

Ernest Bornemann: Ja, das gab den Anstoß für die Überwindung des schematischen Glaubens. Man hörte auf, einem Gott allerlei Launen und Gewalttätigkeiten zu unterstellen. Bibel, Koran, Thorah wurden zu wundersamen Märchenbüchern. Mütter und Väter erreichten endlich das Niveau ihrer Kinder, die Hänsel und Gretel lockern bewundern konnten, ohne da irgendwas zu glauben.

Al Schnucki ben Hacki ibn Kabelsalat: Für Kinder sind Anstand und Menschenrechte ganz natürlich. Was Kinder gar nicht wollen, ist Sex mit frustrierten Erwachsenen, die sie benutzen, gar missbrauchen. Das hörte auf, als der religiös befreite Mensch genüsslich polygam sein durfte, da konnten die Familien friedlich monogam (längere Zeit stabil, „fremd gehen" störte nicht) gelingen, es gab kaum noch Scheidungen, und wenn doch mal, dann nur nach Zustimmung der Kinder. Das machte die Gesellschaft spürbar friedlicher. Aber wieso gelang das erst nach den verheerenden Klimakatastrophen? Pep Jinx, ihr Neurobiologen habt das doch selbst mit vorbereitet, könnt ihr uns das mal erklären?

Pep Jinx: Die Lobby der Pharmaindustrie hatte eine Massenvergabe von Neuro-Pharmaka durchgesetzt, die wurden verabreicht bei Streit in Familien, in Firmen, in Behörden. Da gab es immer gezieltere Implantate, ich meine so Kapseln die in die Körper eingesetzt wurden, mit Beruhigungsmitteln und Stromimpulsen an kritischen Neuronen.

Al Schnucki ben Hacki ibn Kabelsalat: Damit schien die Fürsorge der Familie technisch überholt zu sein – bis man merkte, das ging gründlich schief. Als neurobiologisch auch noch die ökologischen Warner politisch stillgelegt wurden, da lief alles aus dem Ruder: Wasser und Luft wurden ungenießbar, der Planet wurde immer heißer, es gab Stürme denen kein Haus standhalten konnte. Es gab ein Patchwork-Chaos, ein unkontrollierbares Durcheinander von Zerstörungen. Weltweit zerbrachen Familien. Bald kam es zu Milliarden Flüchtlingen. Es gab erbitterte Kämpfe jeder gegen jeden.

Pep Jinx: So war es ein paar Wochen. Aber weil alle total erschöpft waren, gab es bald kaum noch Gewalt, sondern viel Apathie, neurobiologisch eindeutig messbar. Die meisten Menschen überlebten es nicht, die Unmenge von Giften, Radioaktivität und Stürmen war einfach zu viel. Und wer überlebte, bekam kaum noch Kinder. Familien waren hilfloser als je zuvor in der Geschichte der Menschheit. Die Neurobiologie hatte kein Rezept.

Al Schnucki ben Hacki ibn Kabelsalat: Das war im Jahr 2100 global für jeden deutlich. Die Resignation war krass. Für Politiker gab es nur noch Verachtung. Aber dann! Saul Alinsky, ein Pionier der „Leidenschaft für den Nächsten", erklärt uns die Wende.

Saul Alinsky: Der Durchbruch kam von der Basis. Die Verzweifelten suchten nach einer Identität. Die kam von einem ehemals gewalttätigen Islamist: Harun al Raschid. Eine Märchenfigur aus Tausendundeiner Nacht. Wiederauferstanden durch die Neurobiologie: Im Ernst, der moderne Harun hatte eine Kopie des alten Harun als Ein-Fühligem preiswert gekauft – und ahmte ihn nach, sehr geschickt. Er war ein Praktiker und er lernte schnell. Ich freue mich ihn hier zu sehen.

Al Schnucki ben Hacki ibn Kabelsalat: Genau, er nannte sich seit 2102 selbst Harun al Raschid. Er war Richter für die Scharia. Und er ist hier bei uns im Studio: Harun, was war dein Trick?

Harun al Raschid: Nix da Trick. Und Vorsicht bei Scharia, das war nicht mehr die grausame Justiz der Jahrhunderte zuvor. Ich machte es wie der alte Harun vor 1300 Jahren, der hatte von 786 bis 809 sein Kalifat in Teheran, der ging nachts in Kneipen und erfuhr dort die Untaten seiner Mitbürger. Das war besser als jeder Geheimdienst, der doch fast nur liefert, was seine Auftraggeber hören wollen.

Al Schnucki ben Hacki ibn Kabelsalat: Was sagten die Leute an der Basis zur Klimakatastrophe?

Harun al Raschid: Da musste ich niemand fragen, Ursache waren Gier und Lobby in den Industrieländern. Ich suchte also Kontakt zu den paar gottesfürchtigen Neurobiologen. Die erkannte ich daran, dass sie ihre Familie ernst nahmen. Und zur Basis, da hatte ich heimlich in einem Kurs beim Ein-Fühligen Saul gelernt, was Aktionen erfolgreich macht.

Saul Alinsky: Bei Aktionen aus Verzweiflung kommt es auf die Würde des Menschen, aller Menschen an. Jegliches Programm, das sich gegen Menschen richtet, sei es wegen

Rasse, Religion oder sonst was, verstößt gegen die Würde des Menschen.

Harun al Raschid: So ist es und als ich sah, dass mit „weiter so" meine Familie vernichtet würde, da musste ich mich total umkrempeln, denn nur so gab es eine Chance: Die Überlebensbedingung war eine Wiedervereinigung aller Religionen zur Religiosität: Radikal wurde alles weggeworfen, was die Religionen trennte, nämlich all die Willkür über einen launischen Gott, der helfen würde, die Feinde zu vernichten. Ich kenne keine Feinde. Wir sind eine große Familie. Wie frei wir endlich sind, spüren wir alle bei der munteren Erotik mitten in unserer Gesellschaft.

Al Schnucki ben Hacki ibn Kabelsalat: Das war ein langer Weg. War der Koran modern, weil schon da ein Mann da bis zu vier Frauen haben konnte?

Harun al Raschid: Ach woher. Es war sozial ungerecht. Kern jeder Gesellschaft ist eine Familie mit Geborgenheit. Das ist monogam, na ja in einer Großfamilie. Aber wer wen schwängert, ist doch egal – die meisten Paare hätten wegen den enormen Umweltgiften nach der Klimakatastrophe nie ein Kind, wenn man nicht den Sex in allen Varianten völlig frei gegeben hätte, sei es für einen Gast in der Familie, auf einer Party im Sportverein, oder wenn im PriesterInnen-Seminar eine schwanger wird, dann gibt es dort ein bacchantisches Freudenfest.

Pep Jinx: Ja schon, aber Vorsicht, da gab es doch früher Varianten, an die heute keiner mehr denkt, etwa sexuelle Gewalt aller Art gegen Kinder.

Harun al Raschid: Na spür mal, solche verrückten Formen von Gewalt sind längst vorbei. Jeder kann heute ohne Gewalt seine sexuellen Phantasien rein spielerisch austoben. Und keiner haut bei Sado/Maso kräftig zu – er würde sich schämen.

Saul Alinsky: Alles was Kinder selber gerne mögen, ist erotisch ok. Das ist so gut wie niemals schon richtiger Sex. Aber Kinder wollten schon immer viel Zuwendung von den Erwachsenen.

Al Schnucki ben Hacki ibn Kabelsalat: Zuwendung ist das Zauberwort. Dafür war Zeit, nachdem die Automation über 90 Prozent der Arbeit übernommen hatte. Da bekam jeder sein Grundeinkommen. Schon vor der Klimakatastrophe von 2098 wurden nervöse Familien ganz natürlich liebevoll.

Pep Jinx: Zuwendung ist das Gegenteil von Abschreckung. Mit Zuwendung begann der Abrüstungswettlauf.

Saul Alinsky: Im Chaos 2098 gab es einen Rückfall, aber tief innen wusste jeder: Gewalt ist keine Lösung. Nur als eine große harmonische Familie können wir Menschen überleben.

Al Schnucki ben Hacki ibn Kabelsalat: Das können wir alle hier spüren und ebenso all die Millionen Zu-Spürer unseres Senders, die wiederum ihre Gefühle kräftig zu uns zurück senden. Wir wollen das jetzt genießen, in gemeinsamer, stiller Meditation.

*Alle, im Studio und draußen, versanken im neurobiologisch vermittelten Duft von Bienenwachskerzen. Mit genüsslicher Wucht traf sie die virtuelle, perfekt gedämpfte Glut eines Vulkans aus Planet Venus. Fein automatisierte Ganzkörpermassagen ließen keinen einzigen Muskel aus, alles geschah mit minimaler Energie. So gestaltete der innere Frieden mit kriegerischer Kraft eine transfamiliäre Geborgenheit.*

# Kurzbiographien

**Monika Behrent**

geb. 1939 in Ostpreußen. Lebt in Berlin, 3 Kinder. Sekretärin und Personalbuchhalterin, Seit 1999 im Ruhestand. Mitglied der Treptower Schreibwerkstatt. Veröffentlichungen in Anthologien (Lyrik und Prosa). Vorstandsmitglied des TEA Berlin e.V.

**Ingeborg Discher**

geb. 1932 in Berlin. Gelernte Schneiderin, Sekretärin, Verkehrsfrau. Verheiratet. 3 Kinder. Erste Schreiberfahrungen bei Walter Radetz im Haus der Deutsch Sowjetischen Freundschaft (DSF) Berlin. Mitglied der Treptower Schreibwerkstatt. Veröffentlichungen in Anthologien.

**Silvia Edinger**

geb. 1951 in Krems in der Wachau (Österreich). Nach Abschluss von Grundschule, Gymnasium und Lehrerakademie Tätigkeit als Volksschullehrerin, Montessori-Diplom. Schreibseminar bei Monika Zachhuber. Veröffentlichung von Texten für die Zeitschrift „Wege" und zu Schreibaufrufen.

**Annemarie Fahrenberg**

geb.1945 in Leipzig. Abitur, Ausbildung zum Handelskaufmann und Ökonomie-Studium. Seit 1973 Lebensmittelpunkt in Berlin, bis 2005 Tätigkeiten in verschiedenen kaufmännischen Bereichen, danach Ruhestand und ehrenamtliche Arbeit. Erste Veröffentlichung in dieser Anthologie.

## Ellen Fritsch

geb. 1932 in Berlin. Berufe: Krankenschwester und Handelskauffrau in der Medizintechnik. 5 Kinder groß gezogen. Mitglied der Treptower Schreibwerkstatt. Veröffentlichungen in Anthologien.

## Reinhard Görsch

geb. 1940 in heutigen Polen. Grundschule, Oberschule, Lehre, Studium der Agrarwissenschaft. Wissenschaftlicher Mitarbeiter an der Humboldtuniversität Berlin sowie einer Forschungseinrichtung in Brandenburg. Danach selbstständige Tätigkeit auf wirtschaftsberatendem Sektor und als Musiker. Mitglied im TEA seit 2012.

## Dietrich Wilhelm Grobe

geb. 1931 in Duisburg-Meiderich, lebt seit 1939 in Göttingen. Dipl. – Bibliothekar, Dozent im Fachbereich der Erwachsenenfortbildung. Veröffentlichungen (Lyrik, literarische Reiseberichte; Essays u. Rezensionen) in Anthologien, Fachzeitschriften u. im Internet. Beiträge im Rundfunk und Fernsehen. Leiter eines Literaturkreises.

## Ursula Leppert

geb. 1933 in Berlin. Volksschule in Berlin-Treptow; Wirtschaftsschule in Berlin Kreuzberg. Dreißig Jahre Sachbearbeitertätigkeit im Büro. Seit 1989 im Ruhestand, Mitglied der Treptower Schreibwerkstatt seit 1993.

**Karin Manke**

geb. 1946 in Erfurt (Thüringen). Berufe: Buchhändlerin und Bibliothekarin. Lebt seit 1976 in Brandenburg und Berlin. 2 Kinder, von 1993 – 2009 am Heimatmuseum Berlin – Treptow tätig. Dozentin für kreatives und autobiografisches Schreiben. Div. Veröffentlichungen. Begründerin und Vorsitzende des Tagebuch- und Erinnerungsarchivs Berlin. 2006 Verdienstmedaille des Verdienstordens der Bundesrepublik Deutschland.

**Werner Piecha**

geb. 1945 in Graslitz (CZ). Berufe Elektromonteur und Kraftwerkstechniker. Verheiratet, 2 Kinder. Lebt in Berlin. Seit dem Ruhestand Schreiben mit großem Interesse und viel Leidenschaft. Mitglied im TEA Berlin.

**Margrit Pawloff**

Prof.Dr. Jahrgang 1936, verheiratet, zwei Kinder. Im Arbeitsleben Lehrstuhlinhaberin an der Berliner Humboldt-Universität. Seit sieben Jahren Chefredakteurin der Literaturzeitschrift „Wortspiegel" und Vorsitzende des Bürgervereines Berolina e.V.. Im Tagebuch und Erinnerungsarchiv e.V. ist sie Mitglied im Wissenschaftlichen Beirat. Interesse an Büchern, biografischem Schreiben u.v.a.m.

**Dr. Helga Pierschel (alias Heli Klein)**

geb. 1939 in Dittersbach. Medizinstudium in Sofia und Erfurt. Fachärztin für Innere und Sozialmedizin. Wissenschaftliche Assistenz in Instituten u. Tätigkeit im Öffentl. Gesundheitsdienst – meist in Berlin. Mitglied der Schreibgruppe des BBZ Bernau und des Bürgervereins „Berolina". Veröffentlichungen in Anthologien, im „Wortspiegel" u.a.

**Inge Siegel**

geb. 1944 in Marbach/Neckar. Hochschulreife. Beruf: Fremdsprachensekretärin, mittlerweile Rentnerin. Interessenschwerpunkt: Kreatives Schreiben, besonders die Poesie.

**Philipp Sonntag**

geb. 1938 in Halle/Saale. Studium der Physik (Dissertation über Atomkriegsfolgen), der Politischen Wissenschaften und Volkswirtschaft. 1964 – 1978 Mitarbeiter bei Carl-Friedrich von Weizsäcker; 1979 – 1986 im WZB Berlin bei Karl Deutsch; 1986 – 2000 beim VDI/VDE-IT und 1963 – 2007 Gesellschafter in Unternehmen; Diplom als Werbetexter 1998. 2016 im Vorstand von „Child Survivors Deutschland" und „Netzwerk Zukunft". Seit 2005 als sein Schwerpunkt Essays, satirische Gedichte, Kurzgeschichten.

**Erika Zacher**

geb. 1938 in Berlin. Abitur. Lehrstudium an der Humboldt-Universität zu Berlin, Philosophische Fakultät, Fachrichtung Geschichte und Germanistik. Tätig in der Heimerziehung von 1963 bis 1965. Lehrertätigkeit von 1965 bis 1989, seit 1979 an der Staatlichen Ballettschule, Berlin. Veröffentlichungen in Zeitschriften und Anthologien.

Schreibaufruf zu

# Band VI von
# „Zu Wahrheiten vereint"

*Vorläufiger Buchtitel: L(i)ebensgemeinschaften*

Wer ist besser im Bett, Ossi oder Wessi? Na klar, besser wird sein, wer Band VI von „Zu Wahrheiten vereint" gelesen hat! Da stehen nämlich bald allerlei erotische Erfahrungen drin. Wir zeugen die Zeit und befruchten die Phantasie. Allen gemeinsam ist das Beste, was jedermann und jederfrau passieren konnte: Während der eigenen sexuell aktiven Zeit wurden die Freiheiten laufend erhöht, die Optionen, der Genuss ausgeweitet. So viel Risiko ist aufreizend und es geht nicht immer gut. Vor allem die Kinder mögen stabile Familien, sei es nun verheiratet oder in sonstiger Form stabil. Vielleicht wäre es in Zukunft besser, die Kinder über Scheidungen entscheiden (!) zu lassen. Kinder lieben die monogame Familie. Die schafft in etlichen Fällen der polygame Mensch am besten. Fremdgehen ist ja sowieso das zentrale Thema von Komödien und Opern. Aber das eigene Leben war und ist ganz anders? Bitte aufschreiben, denn grau ist alle Theorie, bunt soll das Leben im Buch sein. Dabei realistisch und ernsthaft, Beispiel: Wissenschaftliche Studien „belegen, dass" zwischen 2 und 20 Prozent der Kinder sexuell missbraucht wurden (Tagesspiegel 23.2.2016 Seite 4), also da sind wieder mal die Historiker zwischen hilflos und penetrant im Streit, jedenfalls un-vereint. Wir als Zeitzeugen erspüren Feinstabstufungen und Ermessensfragen aus eigenem Erleben. Zu Wahrheiten vereint für Leser jetzt und in hunderten Jahren.

Die gemeinsamen Herausgeber für jeden Band dieser Buchreihe sind Kursleiterin Karin Manke-Hengsbach und vom Wissenschaftlichen Beirat bei TEA Dr. Philipp Sonntag, der zumeist einen Grundsatzartikel zum Thema beiträgt.

Bisher erschienen sind seit 2009 Band I: „Zu Wahrheiten vereint", Band II: „Vereint und geteilt", 2013 Band III: „Zurückgetreten worden! Willkür bei Ossis und Wessis" und Band IV „Mehr ehrlich als amtlich". Erhältlich (bisher für 12 bis 17 Euro) beim

Beggerow Verlag c/o Manke-Hengsbach,
Herrenhausstr. 19,
12487 Berlin (neue Verlagsadresse) und
http://www.beggerow-verlag.de/

<u>Weitere angedachte Themen</u> sind, jeweils mit Erfahrungen und Hoffnungen aus Ost und West:

- Kindheit und Jugend – Patchwork-Familien
- Künstlerische Identität
- Emanzipation – Überwindung von Hindernissen für Frauen in Ost und West.
- Themen wie Migranten, Altnazis, Neonazis, generell Willkür in Ost und West.
- ... und was unseren Zeitzeugen – also euch – so einfällt ...

Karin Manke und
Philipp Sonntag (Hrsg.):
Zu Wahrheiten vereint.
Eine Begegnung von 31 Auto-
ren aus Ost und West.

Gab es nach der Wende jemals eine gemeinsame Wahrheit?
Nein, behaupten Karin Manke (Ost) und Philipp Sonntag
(West) – und doch können sie und 29 weitere Autoren sich
in ihrer Sichtweise begegnen. Dieses Buch zeigt unge-
schminkt, was das Leben vor und nach der Wende zu bieten
hatte.

2. Aufl., 311 Seiten; brosch.; 2009
ISBN 978-3-936103-25-0; € 15,–

Karin Manke und
Philipp Sonntag (Hrsg.):
Vereint und geteilt?
20 Autoren aus Ost und West
erzählen

Sind wir in Deutschland äußerlich vereint und innerlich
geteilt? Zeitzeugen beantworten diese Frage mit einer Fülle
von lebendigen Eindrücken. Dabei klingt mit an, wie man
die neue Freiheit in besserem Einverständnis nutzen kann,
um eine lebenswerte Zukunft zu gestalten. Authentische
Bitterkeit und mutige Hoffnung der Autoren sind realistisch nachvollziehbar und in diesem Sinne „zu Wahrheiten
vereint".

188 Seiten; brosch.; 2011
ISBN 978-3-936103-29-8; € 15,90

Karin Manke und Philipp Sonntag (Hrsg.)

**Zurückgetreten worden!
Willkür bei Ossis
und Wessis**

Autoren aus Ost und West erzählen
Zu Wahrheiten vereint III

**Beggerow**

Karin Manke und
Philipp Sonntag (Hrsg.)
Zurückgetreten worden!
Willkür bei Ossis und Wessis

In Band III der Buchserie „Zu Wahrheiten vereint" berichten Autoren aus Ost- und Westdeutschland von Willkür, der sie ausgesetzt waren. Das erstaunlich gemeinsame Stimmungsbild zeigt sich in Erlebnisberichten ebenso wie in wissenschaftlichen Betrachtungen, gemütsvollen Phantasien und satirischen Gedichten. Bis zur „Wiedervereinigung aller Lügen zur Wahrheit" gibt es noch einiges zu tun.

259 Seiten; brosch.: 2013
ISBN 978-3-936103-29-33-5; € 17.–

Karin Manke und Philipp Sonntag (Hrsg.)

## Mehr ehrlich als amtlich

EHRENAMT

Autoren aus Ost und West erzählen
Zu Wahrheiten vereint IV

Beggerow

**Karin Manke und
Philipp Sonntag (Hrsg.):
Mehr ehrlich als amtlich
Autoren aus Ost und West
erzählen**

Ehrenamtliche waren in DDR und BRD, sie sind weiter in
der BRD willkommen. Sie werden amtlich zumeist nicht
wie Willkommene gefördert. Sie lernen mit geringen Mit-
teln hohe Ziele anzusteuern. Sie führen ein abenteuerliches
Leben. Es kann die Gesundheit enorm stärken oder schwächen. Im Buch wird deutlich, wie Ehrenamtliche ganz
unterschiedlich mit den Herausforderungen umgehen.

138 Seiten; brosch.; 2013
ISBN 978-3-936103-34-2; € 12,–